10 sermões sobre a salvação | **O MAIOR PRESENTE DE TODOS**

Spurgeon

CHARLES .H.

Livro confeccionado e organizado com base em sermões selecionados de Charles Haddon Spurgeon em domínio público.

1ª edição: novembro de 2023

TRADUÇÃO
Danny Charão

REVISÃO
Paulo Sartor Jr. (copidesque)
Marcelo Santos (provas)

CAPA
Rafael Brum

DIAGRAMAÇÃO
Letras Reformadas

EDITOR
Aldo Menezes

COORDENADOR DE PRODUÇÃO
Mauro Terrengui

IMPRESSÃO E ACABAMENTO
Imprensa da Fé

As opiniões, as interpretações e os conceitos emitidos nesta obra são de responsabilidade do autor e não refletem necessariamente o ponto de vista da Hagnos.

As notas de rodapé deste livro são do tradutor ou do revisor (indicadas pelas siga NR), inseridas para clarificar palavras, expressões e personagens, além de contextualizar o leitor sobre aspectos históricos e culturais.

Todos os direitos desta edição reservados à
EDITORA HAGNOS LTDA.
Rua Geraldo Flausino Gomes, 42, conj. 41
CEP 04575-060 — São Paulo, SP
Tel.: (11) 5990-3308

E-mail: hagnos@hagnos.com.br
Home page: www.hagnos.com.br

Editora associada à

Dados Internacionais de Catalogação na Publicação (CIP)
Angélica Ilacqua CRB-8/7057

Spurgeon, C. H. (Charles Haddon), 1834-1892.

O maior presente de todos: 10 sermões sobre a salvação / Charles H. Spurgeon ; tradução de Danny Charão. — São Paulo: Hagnos, 2023.

ISBN 978-85-7742-442-9

1. Salvação (Teologia) – Cristianismo I. Título II. Charrão, Dany

23-4686   CDD 233

Índices para catálogo sistemático:
1. Salvação (Teologia) - Cristianismo

SUMÁRIO

Prefácio 5

1. Um testemunho da graça livre e soberana 7

2. Tua salvação 29

3. O dia da salvação 49

4. O Salvador que você precisa 71

5. O grande cárcere, e como sair dele 93

6. Exercitem o que Deus efetuou 113

7. Salvação pelas obras, uma doutrina criminosa 135

8. Salvos na esperança 157

9. Uma salvação livre 179

10. Por todos os meios, chegar a salvar alguns 203

Sobre o autor 223

PREFÁCIO

A CADA semana, Charles Haddon Spurgeon (1834-1892), considerado "o príncipe dos pregadores", nutria sua igreja, o Metropolitan Tabernacle, em Londres, Inglaterra, com o néctar da Palavra de Deus. Seus sermões inspiradores são um receptáculo de excelente erudição bíblica e um bálsamo para o coração. Em *O maior presente de todos*, selecionamos dez desses sermões inspirativos sobre a salvação.

1. *Um testemunho da graça livre e soberana:* enfatiza a graça de Deus como o único meio de salvação. Spurgeon ressalta que a salvação não pode ser conquistada por méritos humanos, mas é concedida gratuitamente pela graça de Deus.
2. *Tua salvação:* trata da importância da salvação pessoal e individual. O príncipe dos pregadores destaca que cada pessoa deve buscar sua própria salvação e não depender da fé de outros. A salvação é um assunto pessoal e vital.
3. *O dia da salvação:* salienta a urgência de buscar a salvação imediatamente. Spurgeon enfatiza que não devemos procrastinar quando se trata de aceitar Cristo como Salvador, pois não sabemos se teremos outra oportunidade de fazê-lo.
4. *O Salvador que você precisa:* descreve a natureza e a importância de Jesus Cristo como Salvador. Spurgeon enfatiza que Jesus é o único Salvador capaz de perdoar pecados e conceder a salvação eterna.
5. *O grande cárcere, e como sair dele:* Spurgeon compara o pecado a um cárcere espiritual do qual precisamos ser libertados. Ele explica

como Cristo é o libertador e como podemos escapar do cativeiro do pecado por meio do Filho de Deus.

6. *Exercitem o que Deus efetuou:* destaca a importância de vivermos uma vida que reflita a obra de Deus em nós. Spurgeon enfatiza que a salvação não é apenas uma crença teórica, mas deve ser demonstrada através de uma vida transformada pela ação do Espírito Santo.

7. *Salvação pelas obras, uma doutrina criminosa:* aborda a falsa doutrina de que a salvação pode ser alcançada por obras e méritos humanos. Spurgeon argumenta que a salvação é unicamente pela graça de Deus e não pode ser conquistada por nossos próprios esforços.

8. *Salvos na esperança:* esse sermão ocupa-se da segurança da salvação em Cristo. Spurgeon enfatiza que a esperança da salvação é uma âncora para a alma e que os crentes podem confiar na fidelidade de Deus.

9. *Uma salvação livre:* sublinha a gratuidade da salvação em Cristo. Spurgeon enfatiza que a salvação não pode ser comprada ou merecida, mas é um presente gratuito de Deus.

10. *Por todos os meios, chegar a salvar alguns:* enfatiza a importância de compartilhar o evangelho com outras pessoas. Spurgeon encoraja os crentes a fazerem todos os esforços para levar a mensagem de salvação a outros, na esperança de que alguns sejam salvos.

Desfrute dessas reflexões abençoadoras extraídas diretamente da Palavra inspirada de Deus e aplicadas de forma sobrenatural ao seu coração. Que elas tenham tanto impacto em sua vida quanto tiveram na mente e no coração dos ouvintes de Spurgeon no século 19.

Boa leitura!

Aldo Menezes
Editor

A alegria da salvação para nós é que somos libertos deste mundo mau presente, libertos das concupiscências da carne, libertos da velha morte da corrupção natural, libertos do poder de Satanás e do domínio do mal. Nossa salvação não estará completa até que estejamos total e derradeiramente livres de todos os vestígios de pecado e estejamos "irrepreensíveis diante do trono do Senhor" (Apocalipse 14:5). A santificação consumada é a nossa salvação aperfeiçoada: a pureza sem mácula será o nosso Paraíso Reconquistado.

"A salvação dos justos", no sentido mais amplo da palavra, "vem do Senhor"; e quanto mais amplitude de significado dermos a isso, mais completamente veremos que ela deve ser divina. Ao mesmo tempo, a nossa vida é feita de uma série de salvações, e cada uma delas vem do Senhor. Estamos constantemente sendo salvos, salvos de uma forma ou de outra do perigo e da maldade. Enquanto cada problema quotidiano ameaça envolver-nos, somos salvos deles. Assim como cada tentação, como um dragão, ameaça engolir-nos, somos salvos dela também. Nosso Deus é o Deus das salvações, e a Ele pertencem as questões da morte. Escapamos muitas vezes de mortes; sim, e da própria entranha do inferno; e ainda assim vivemos para cantar, como Jonas cantou quando estava nas profundezas do mar: "a salvação vem do Senhor".

Eu disse que essa salvação gloriosa, que é do Senhor, é a herança inerente aos que creem. Somente eles sabem o quanto precisam dela e apenas eles participam dela. Olhe para o ímpio que é retratado no salmo. Ele não quer a salvação. Ele floresce como o loureiro: ele espalha seus galhos para ofuscar todos os outros. Tais pessoas não precisam de salvação. "Os olhos deles estão inchados de gordura; superabundam as imaginações do seu coração" (Salmos 73:7). Eles não querem salvação: suas terras são abundantes, sua casa está cheia de tesouros, e eles deixam o que sobeja para seus bebês. Eles não confiam no nome do Senhor: "dão às suas terras os seus próprios nomes" (Salmos 49:11). Eles querem que não haja Deus: eles não suspiram por Ele, nunca clamam: "Como o cervo brama pelas correntes das águas, assim suspira a minha alma por ti, ó Deus!" (Salmos 42:1). Eles não têm provações na vida, e "porque não há apertos na sua morte, mas firme está a sua força. Não se acham em trabalhos como outra gente, nem são afligidos como outros homens" (Salmos 73:4,5). A vara que Deus usa para corrigir seus filhos não recai sobre eles, "porque o Senhor corrige o que ama" (Hebreus 12:6); mas muitas vezes aqueles a quem Ele não ama, Ele deixa que se entreguem ao prazer que podem encontrar. Ele dá a seus porcos uma boa quantidade de cascas, pois Ele não seria indelicado nem mesmo com eles; e lá eles se deitam e se alimentam sem medo, não sabendo nada de outro mundo, tampouco se importando com ele.

> Aos tolos, pensamentos altaneiros não lhes ocorrem;
> Como os brutos vivem, como os brutos morrem;
> Como a erva eles florescem, até que o teu fôlego ainda
> Consuma-os em morte infinda.

Veja a distinção entre o homem justo que teme a Deus e aquele que não o teme: se não fosse por essa palavra "salvação", sua tranquilidade e prosperidade poderiam nos fazer invejar os ímpios; mas isso muda a balança. Porque "a salvação dos justos vem do Senhor", tomaríamos o pior que já foi dado aos justos em vez do melhor que já foi dado aos ímpios. Em meio a tudo, o pior de Deus é melhor que o melhor do Diabo, e a porção dos santos de Deus na maré mais baixa é melhor do que a porção dos ímpios, mesmo quando suas alegrias estejam em meio à cheia.

Discorrerei neste momento sobre o nosso texto como uma declaração por si só. É completa e autossuficiente. É um diamante de mais alto valor. As suas palavras são poucas, mas o seu sentido é preciso. "Mas a salvação dos justos vem do Senhor".

I

A nossa primeira epígrafe é esta: *essa é a essência da sã doutrina*. "A salvação dos justos vem do Senhor". Eis aqui vários jovens que saem para pregar o evangelho. Espero que eles falem com conhecimento claro e discurso atraente; mas isso está longe de ser o objeto principal do meu desejo: quero que eles realmente preguem o evangelho, todo o evangelho e nada mais do que o evangelho. Considero pregação como sendo a pregação do evangelho e uma pregação sã, na proporção em que é consistente com esta afirmação: "a salvação dos justos vem do Senhor". Não é todo pregador que proclama essa verdade em termos intrépidos e em linguagem clara. Espero, em maior ou menor escala, que todos os que pregam acerca de Cristo crucificado concordem com isso; mas alguns têm um pouco de medo disso em toda a sua amplitude e extensão. Em certa medida, eles precisam atrair um pouco a pessoa. Eles precisam que ela faça alguma coisa, ou seja alguma coisa. Eles estão sempre com medo de que a graça seja mal compreendida e se transforme em licenciosidade; e, na verdade, compartilho do medo deles, embora não me valha dos meios deles para impedir o mal que temo. Soube que alguns desses tímidos tentam dizer "livre graça"; mas eles têm um pequeno entrave em seu discurso, e o que dizem é "livre-arbítrio". Eles queriam dizer que deveria ser tudo de graça, mas de alguma maneira ou de outra tem havido tanta hesitação, e tamanha tentativa de se resguardarem, que dificilmente se poderia distinguir a graça das obras. Não haverá hesitação de minha parte quando eu disser que "a salvação dos justos vem do Senhor"; tampouco vocês me verão proteger a declaração como se eu a considerasse um pedaço de dinamite espiritual que poderia causar danos infinitos.

"A salvação dos justos vem do Senhor" como um planejar. Muito antes de existirmos, Deus havia planejado o caminho da salvação. Antes da queda, Ele ordenara a aliança pela qual os caídos deveriam ser restaurados; e esse plano desvela, em cada uma de suas linhas, aquela sabedoria consumada e amor eternal que não podem ser encontrados em nenhum lugar senão no Senhor. Ele não se aconselhou com ninguém, e ninguém o instruiu: somente Ele estabeleceu as bases eternas do amor imutável.

"A salvação dos justos vem do Senhor" assim como às pessoas que nela estão, pois Deus escolheu desde o princípio o seu povo, e "os que dantes conheceu, também os predestinou para serem conformes à imagem de seu Filho" (Romanos 8:29). Há uma escolha em algum lugar, e estou convencido de que não o escolhemos, mas Ele nos escolheu. Não foi isso que disse o Senhor Jesus? Ele é o primeiro e está acima de tudo na salvação, e apesar de corrermos de bom grado quando Ele chama, ainda assim seu chamado acontece primeiro, e sua escolha precede o chamado. A salvação dos justos foi determinada nas câmaras do conselho da eternidade ou mesmo antes de as estrelas começarem a brilhar. A salvação é de Deus, e somente de Deus.

E como é do Senhor o planejar, assim também é do Senhor o prover. Foi Ele quem deu o seu filho de seu mais profundo, e verdadeiramente nosso Senhor Jesus Cristo é o preço total de nossa salvação. Não acrescentamos a ela sequer uma moedinha. O penhor sobre a humanidade perdida foi pago por Cristo até o último centavo, sem qualquer contribuição de nossa parte para inteirar o preço inalcançável.

O Espírito de Deus, que é outro grande elemento na provisão da salvação, é do Senhor. Deus nos deu o Espírito. O Espírito Santo vem, não de acordo com nossa mente ou vontade, mas de acordo com o dom e propósito do Senhor. Nada falta para a salvação dos seres humanos. Deus providenciou tudo. Ele não deixou a roupa quase do comprimento certo para que precisássemos alongá-la com uma franja; tampouco providenciou um banquete com comida quase suficiente para que precisássemos trazer mais um pão sequer; nem mesmo construiu uma casa de misericórdia[1]

---

[1] Casas de misericórdia eram instituições de caridade da Igreja Anglicana que operaram entre os séculos 19 e 20. Eram abrigos para pessoas em situação de miséria e

quase terminada para que precisássemos adicionar mais algumas telhas à cobertura. Não, não. A obra está consumada e, do começo ou fim, a salvação vem do Senhor. Todas as provisões da aliança já estão no Senhor Jesus integralmente, e a salvação dos justos é inteiramente do Senhor em seu prover.

Assim, queridos amigos, vem do Senhor também o efetuar. O primeiro efetuar das bênçãos da aliança para nós vem de Deus. Naturalmente, esse primeiro efetuar é na regeneração, quando a alma começa a viver. O primeiro sentimento de necessidade de misericórdia brota, não da natureza, mas é uma obra de graça. O primeiro desejo que temos de ser justos, a primeira oração que professamos a Deus — tudo isso é o movimento da graça eterna sobre nossa alma, que de outra forma teria ficado tão morta quanto os cadáveres em seus túmulos. O Senhor primeiro vem ao nosso encontro antes de termos qualquer inclinação para irmos ao encontro dele. Não enxergamos essa verdade à primeira vista. Talvez a tenhamos descoberto meses depois de nossa conversão, quando nos sentamos e examinamos a nossa experiência. Então gritamos: "Sim! Se o Senhor não me tivesse procurado, eu nunca o teria procurado. Se Senhor não me tivesse atraído, eu nunca teria corrido para Ele. Se o Senhor nunca tivesses olhado para mim com amor, eu nunca o olharia com fé. Foi a livre graça do Senhor que me iniciou. Reconheço que o princípio da minha salvação vem do Senhor". O conhecimento dessa verdade geralmente chega até nós quando avançamos no conhecimento: a plena compreensão dela é um fruto do Espírito e inerente à maturidade mais do que à nossa infância espiritual.

Assim como a salvação é do Senhor no início, assim também o é quanto à sua continuação. Tenha certeza, amados, de que não há

---

sofrimento, principalmente para mulheres que precisavam se prostituir e acabavam tendo filhos. (N.R.)

verdadeiro crescimento na graça, exceto o que vem do Senhor. Não há como sustentar a posição a qual você alcançou senão pelo Senhor.

> E toda a nossa bondade,
> E cada vitória,
> E todo pensamento de santidade,
> São dele, e a Ele demos glória.

Ele operou todas as nossas obras em nós, e se produzimos algum fruto para a honra do seu nome, dele veio o nosso fruto, pois nosso Senhor verdadeiramente disse: "Sem mim nada podereis fazer" (João 15:5). Devemos dar-lhe toda a glória, pois certamente Ele nos deu toda a graça; e como tem sido, assim será. Entre aqui e o céu não haverá nada de nosso nesse assunto. Devemos exercitar a nossa própria salvação com temor e tremor, porque Ele primeiro a opera em nós para que queiramos e façamos por intermédio de sua própria vontade. Não há como exercitar a nossa salvação a menos que o Senhor a opere. Trazemos à superfície de nossa vida o que ele opera no profundo fundamento de nossa natureza interior; mas tanto o que está dentro como o que está fora na vida espiritual, tudo pertence à graça. Quando pusermos o pé no limiar da glória e passarmos pelo portão de pérola até o pavimento dourado da cidade celestial, o último passo será dado tanto pela graça de Deus como foi o primeiro passo quando nos voltamos para o nosso Grande Pai ainda em trapos e miséria. Se formos deixados pela graça de Deus por um único momento, certamente pereceremos. Dependemos tanto da graça para a vida espiritual como do ar que respiramos para esta vida natural. Tire a atmosfera de nós; ponha-nos em uma câmara de vácuo, e morremos: se o Senhor tirar a sua graça de nós, ó nosso Deus, nós perecemos imediatamente! O que mais nos poderia acontecer?

Irmãos, devemos sempre crer nisso e pregar isso, pois é a síntese de toda a verdadeira doutrina. Se você não julga a salvação ser inteiramente do Senhor, tenha certeza de que você terá de menosprezar a salvação e torná-la uma questão pequena. Sempre desejei pregar uma grande salvação, e não creio que valha a pena pregar qualquer outra. Se a salvação provém do ser humano, então não se admira que o próprio caia da graça. Claro que cai. O que o ser humano começa, ele também logo termina à sua maneira com um fracasso. Quando Deus salva, Ele salva eternamente. Alguém me disse outro dia: "Não sei bem se essa doutrina da perseverança final é verdadeira ou não". Então eu lhe disse: "Que tipo de vida Jesus Cristo dá às suas ovelhas?" Ele respondeu muito corretamente — ele disse: "Dou às minhas ovelhas a vida eterna" (João 10:28a). Muito bem, isso não resolve a questão? Se Ele lhes deu a vida eterna, elas têm a vida eterna. "Mas", disse ele, "será que elas não morrerão?" Eu respondi: "Não está claro que aquelas ovelhas que morrem não têm a vida eterna? Se tivessem a vida eterna, como poderiam morrer? A vida eterna significa seis meses de vida?" "Não." "Significa apenas seiscentos anos de vida?" "Não, deve significar nada menos do que uma vida que não tem fim." A morte está fora de questão. Devo viver se sou um daqueles de quem o grande pastor diz: "dou às minhas ovelhas a vida eterna". Mas o que vem a seguir? Se você não consegue ver a verdade dessa declaração, o que se segue? As ovelhas de Cristo perecerão? Eis a sua resposta: "[elas] nunca hão de perecer" (João 10:28b). Isso não as assegura? Que linguagem poderia descrever melhor a sua segurança? Mas outra questão é levantada: — não pode significar que, quando se afastarem do Senhor Jesus, perecerão? Então vem a próxima frase: "e ninguém as arrebatará das minhas mãos" (João 10:28c). Isso não responde a questão? Oh, mas talvez o Salvador possa falhar! Não pensamos que seja assim: mas escutem novamente: "Meu Pai, que mas deu, é maior do que todos; e ninguém pode arrebatá-las das mãos de meu Pai" (João 10:29).

Há quatro grandes razões pelas quais os cristãos são e devem ser salvos; nada pode estremecer a força de qualquer um deles. Se as palavras significam alguma coisa, aqueles que estão em Cristo estão seguros. O Senhor

Deus todo-poderoso deu-lhes a vida eterna e eles nunca perecerão, nem ninguém os arrancará da mão de Cristo, e sobre a mão de Jesus está a mão do Pai para garantir uma segurança duplamente segura.

A salvação, portanto, vem do Senhor. Esta é uma doutrina que deve ser crida. Se vocês não creem nela, certamente minimizarão e diminuirão a salvação e, especialmente, poderão destituí-la de sua certeza e imutabilidade. É uma lástima que vocês tentem fazer isso, pois assim roubam a Cristo de seu poder, Deus de sua glória e os santos de seu conforto. Esse é o ponto constrangedor sobre uma salvação que é humana: não vale nada quando se a obtém. Queremos uma salvação eterna. Queremos uma salvação que realmente salve. Queremos algo que não seja fundado de "se" e "um, uma", e "mas", e "porventura", e "talvez", e "se você fizer isso", e "se você fizer aquilo". Precisamos de uma salvação segura, imutável, permanente e inabalável; e é isso que obtemos, e eis o que não temos vergonha de pregar, enquanto trovejamos esta verdade: "A salvação dos justos vem do Senhor".

> "'Tudo é graça'— desde o cume à fundação,
> Graça em cada caminho e pedra simultaneamente;
> Graça no planejar, e no desenvolvimento, na coroação,
> Graça soberana, graça somente!"

II

Em segundo lugar, essa não é apenas a essência da sã doutrina, mas *é um fato necessário*. "Mas a salvação dos justos vem do Senhor". Certamente tem de ser assim, do contrário eles nunca serão salvos. Olhem por um momento, vocês que amam o Senhor, para os próprios conflitos interiores de vocês. Amados, não somos todos iguais, somos arremessados de um lado para o outro com a insurreição do pecado inato; mas há momentos, e isso se passa com a maioria dos santos de Deus, em que é difícil resistir a uma certa tentação feroz: há de se lutar arduamente para sobrepujá-la. E quando eles dominam esse mal, outra forma de pecado anda às escondidas, e tenta apunhalá-los pelas costas. Vocês concentram toda a sua atenção em um inimigo insidioso, e naquele momento terrível vocês são atacados por outro inimigo; e vocês tiveram que se virar e curvar-se com todas as suas forças em nome de Deus para resistir a esse segundo adversário. Isso não foi tudo, um terceiro mal puxou o arco contra vocês, e um quarto preparou uma rede para os seus pés. Assim vocês foram assediados por todos os lados; e se o Senhor não estivesse do lado de vocês, vocês teriam sido rapidamente engolidos. Alguns de nós conhecemos a verdade disso em nossa própria experiência, caso os outros ainda não conheçam.

A salvação deve ser do Senhor para comigo, eu sei, ou então minhas concupiscências interiores, meu espírito orgulhoso, minha vontade rebelde e meu desespero natural certamente me arruinarão. Você não sente que seja assim com você? Se Deus não o salvar, você é um perdido. Você deve sentir isso. Sei que aqueles que não têm conflitos cantam outra canção e se orgulham de si mesmos. Os seus cavaleiros de poltrona, que usam as fardas do cristianismo, mas não sabem nada sobre a batalha contra o pecado inato, podem falar sobre a salvação por si mesmos, mas aquele que é forte e se põe a lutar contra todas as injustiças contará outra história. Aquele que se entristece ao proferir uma palavra imprudente, ou permite que um pensamento impuro lhe passe pela cabeça, sente que, se Deus não o salvar, salvo ele nunca será; e ele vê como imprescindível que a salvação dos justos deva vir do Senhor.

Quando você tiver olhado para dentro de si por tempo suficiente a ponto de se convencer disso, basta olhar para suas tentações externas. Ah! Pouco sabemos o que muitos de nossos irmãos e irmãs têm de suportar sob a forma de tentação em sua própria casa ou por parte de seus próprios amigos. Muitos têm uma batalha muito severa diante de si. Conheço alguns que me ouvem agora que acredito que perseveram e se mantêm firmes até o fim, mas quase todos os dias sofrem um martírio. Palavras cruéis são ditas, e ações indelicadas são realizadas, e um espírito amargo é mostrado a eles, porque eles são o povo de Deus. A salvação deve vir do Senhor para esses pobres perseguidos, ou eles vão sucumbir sob suas opressões. Lá fora, no mundo, muitas tentações são abundantes! Você não pode se envolver em nenhum negócio sem descobrir que ele tem seus próprios pecados. Muitas coisas são feitas no comércio – muitas questões estabelecidas pelo costume – que o escrupulosamente justo filho de Deus não pode tolerar. Ele tem de enfrentar o hábito disseminado e, por isso, tem uma batalha. Preciso eu entrar em pormenores? Ora, irmãos, estamos cercados de armadilhas! Elas estão sobre a mesa: você pode facilmente pecar ali. Elas estão em seu cômodo mais reservado: você é tentado lá também. Elas estão no escritório e na mesa de estudo. Não se pode sentar-se para ler um livro sem estar em perigo; não se pode ir ao meio da multidão sem risco. Vocês podem ter certeza de que, se alguém é salvo no meio desta geração perversa e ímpia, na qual o próprio ar cheira a corrupção, e a conversa comum é poluente — sua salvação virá evidentemente do Senhor. Se algum cristão permanece firme no dia da dúvida filosófica, em verdade digo-lhes que a sua salvação deve vir do Senhor. Ele não pode passar por essa Festança das Vaidades, ele não pode passar por esse lamaçal horrível, esse pântano infernal da sociedade moderna, e ser puro de coração, lábios e vida, a menos que Deus lhe conceda a sua salvação.

Além disso, a nossa salvação certamente vem do Senhor, porque o mundo nos odeia. E este não o pode evitar. Se você é um cristão genuíno, o mundo não o amará. Pode haver traços naturais de gentileza e bondade em você que até mesmo o mundo exterior respeite; mas na proporção em que você é definitiva e completamente um cristão, você terá cães correndo atrás de você. Aqueles que são deste mundo não encontrarão uma pequena falha em seu caráter, mas irão comentar e exacerbar um deslize. Alguns de nós não conseguem fazer nada contra a imagem errônea que outros têm de nós, de modo que não nos importamos com o que as pessoas dizem acerca de nós, desde que tenhamos a consciência tranquila de que estamos certos. Aquilo que fizemos com a mais transparente sinceridade foi o mesmo que elas engendraram como uma emboscada. Bendito seja Deus, o mundo está crucificado para nós, e nós estamos crucificados para o mundo! Mas se quisermos escapar de seu veneno – especialmente aqueles que estão na linha de frente da batalha —, se quisermos ir até o fim com um caráter imaculado, então teremos de dizer e cantar: "A salvação dos justos vem do Senhor."

Sabemos, caros amigos, que deve ser assim. É um fato necessário, mesmo que olhemos apenas sob a perspectiva da visão contrária. Que profissões de fé alguns fazem e quanto tempo eles as mantêm! Nós dissemos acerca de muitas pessoas: "Se ele não é filho de Deus, quem é então?" Até mesmo desejamos que a nossa alma fosse a alma dele quando o ouvimos orar, e prestamos atenção na impressionante abnegação de seu comportamento; e, no entanto, vivemos para ver a mesma pessoa que admirávamos se chafurdar na imundície, vendo seu caráter desaparecer e sua esperança indo embora. Infelizmente, isso acontece na igreja com frequência. Sempre que vemos isso acontecer, podemos realmente sentir que "a salvação dos justos vem do Senhor". Se alguma vez você vir um cristão professo desaparecer e desvanecer de repente, dirá a si mesmo: "Ah! se não fosse pela graça divina, teria acontecido o mesmo comigo e também com os meus irmãos". Teríamos sucumbido, como o apagar de uma vela, se Deus não nos tivesse preservado e nos mantido acesos. Quanto mais crescermos na vida divina, e quanto mais sinceramente procurarmos mostrar o caráter que tem um cristão, mais sentiremos que, se tivéssemos de ir a essa guerra com nossa própria força, melhor seria que nunca tivéssemos nascido. A vida de muitos que profissão a fé cristã atualmente pode ser vivida sem ajuda sobrenatural, mas a vida de um cristão genuíno é um milagre perpétuo, que somente o Senhor Deus poderia realizar. A verdadeira vida cristã é produzida pelo próprio Deus operando poderosamente, assim como quando Ele fez o mundo, ou ressuscitou o seu Filho Unigênito dentre os mortos. Digo que esse é um fato necessário, pois não pode haver salvação senão a que vem do Senhor.

III

Em terceiro lugar, sendo o nosso texto verdadeiro, que "a salvação dos justos vem do Senhor", ISSO É UMA APRAZÍVEL CONSOLAÇÃO; pois se a minha salvação vem do Senhor, então serei salvo. Se a salvação fosse de qualquer outro, eu estaria perdido. Ah, Gabriel! Se a minha salvação tivesse de ser realizada por você e por todos os seus anjos companheiros, eu estaria perdido. Ah, meus queridos irmãos! Se todos vocês juntos fossem enviados a este mundo para tentar ajudar meu pobre ser a chegar aos céus, vocês jamais poderiam me fazer chegar lá. Certamente, eu deixaria todos vocês afadigados. Quando está escrito: "A salvação vem do Senhor", sinto-me confortado, pois estou certo de que o Senhor a fará. Ele pode, pois é onipotente. Ele a fará, pois prometeu fazê-la, e Ele é veraz e imutável. Ele prosseguirá com o que começou. Se um ser humano a começara, provavelmente abandonaria antes que pudesse terminar, por falta de elementos à sua disposição, ou porque cometeu um erro, e hesitou em sua mente inconstante; mas quando Deus começa, tão certo como Ele sempre inicia a guerra, assim também Ele segue até que tenha alcançado a vitória. Tão certo como Ele coloca a primeira pedra, assim também Ele não tirará sua mão direita até que erija a pedra fundamental, com brados de: "Graça, graça seja dada a ela!". "A salvação dos justos vem do Senhor": por isso será consumada. Nem todas as tentações da vida, tampouco todos os terrores da morte, ou mesmo todas as fúrias do inferno, impedirão que qualquer alma sobre a qual Deus iniciou sua obra de graça alcance a salvação eterna. Que bênção e que bálsamo é essa verdade!

> Nem coisas futuras, nem as que estão se passando,
> Nem nenhuma da parte inferior ou superior,
> Podem fazê-lo renunciar de seu propósito,
> Ou separar a minha alma de seu amor.

Esse grande fato conforta-nos, em parte, levando-nos a crer na oração. Se a salvação dos justos vem do Senhor, então, sempre que nos deparamos com grandes problemas, vamos ter com Ele e clamamos: "Ó Senhor, a minha salvação vem de ti! Eu vim a ti para tê-la". Quando uma forte tentação parece nos apanhar como pássaros em uma rede, e não podemos nos desemaranhar, então clamamos: "Ó Deus, a salvação vem somente de ti! Ajuda-me. Tu podes. Eu me volto a ti para tê-la". Quando nossa alma está morta, como às vezes acontece, como esse tempo ruim — quando há pouco sol para nos iluminar, ou ar para nos animar, sentimo-nos inertes e não podemos nos mexer. Oh, então é muito abençoador sentir em oração que "todas as minhas fontes estão em ti" (Salmos 87:7). Podes me vivificar. Podes dar-me vigor, firmeza moral e energia para fazer a tua obra, ou padecer a tua vontade!" Aproximando-nos de Deus, estamos chegando ao lugar certo: apenas pedimos a Deus que faça o que se comprometeu a fazer, pois "a salvação dos justos vem do Senhor".

Isso, além de aumentar a nossa esperança na oração, impele-nos sempre voltar nossos olhos de nós mesmos para Deus. "A salvação dos justos vem do Senhor"; então não devo sempre sondar meu próprio coração para encontrar alguma coisa boa dentro em mim; não devo esquadrinhar evidências e viver de experiências passadas; mas devo lembrar que a salvação, até mesmo dos justos, vem do Senhor. Muitas vezes lancei todas as minhas evidências ao mar — cada uma delas. Percebi que eu não poderia contribuir com um centavo sequer para o todo da obra; e fui a Cristo Jesus, assim como fui no início, cantando minha velha cantiga:

Sou um pobre pecador, nada tenho, oh não
Mas Jesus Cristo é o meu tudo, Ele somente é o meu galardão.

Somos encorajados a agir assim pelo fato de a salvação vir do Senhor. Vá novamente à cruz, e leia o seu perdão grafado lá. Suponha que o Diabo lhe diga, ou digamos que seja verdade, que toda a sua experiência é uma ficção, toda sua antiga profissão de fé, uma mentira, toda a sua fé, um pedantismo, todos seu prazeres, um delírio, tudo o que você conheceu e sentiu, apenas um devaneio; bem, então, Jesus Cristo veio ao mundo para salvar os pecadores, e Ele pode salvá-lo. Ó meu Senhor, nada posso gabar-me de mim mesmo, mas venho e lanço-me perante ti, e tu disseste: "o que vem a mim de maneira nenhuma o lançarei fora" (João 6:37). Recomeços frequentes são as coisas mais seguras; de fato, devemos, em certo sentido, estar sempre começando, pois a vida espiritual começa com o achegar-se a Jesus, e a continuação dessa vida espiritual é descrita assim: "chegando-vos para ele, a pedra viva" (1Pedro 2:4). Que vocês cheguem para Ele, sempre retornando, sempre confiando, sempre olhando para fora de si, sempre olhando para Cristo. Quando as evidências resplandecem, você sabe onde está; mas em tal momento você poderia dizer isso sem evidências. É fácil dizer a hora do dia por um relógio de sol, mas o sol deve estar brilhando; e quando estou em casa, e posso ver o sol, sei onde o sol está às doze horas e, portanto, não quero que o relógio solar me diga a hora. As evidências são coisas extremamente boas quando não as queremos, e são de muito pouca utilidade quando as queremos. As evidências são claras quando Cristo está presente; mas quando Cristo está presente você não quer a ajuda das evidências; e quando Cristo não está presente, as evidências deixam de confortar você. É melhor viver de uma fé diária em Cristo do que viver de evidências. Elas muito facilmente mofam, e, em seguida, elas são os alimentos mais prejudiciais. Vivam em Cristo, que é o maná diário, e viverão bem. Serão levados a tal vida pela força dessa bendita verdade que a salvação dos justos, tanto quanto a salvação dos ímpios, vem do Senhor. Um pecador não pode ser salvo por si mesmo, tampouco um justo. Um pecador deve olhar para o Senhor para a salvação; assim deve também fazer o justo. Estamos em pé de igualdade aqui – tanto o santo rico como o pobre pecador. Cristo deve ser tudo para um e para o outro; e que dádiva maravilhosa é que Ele é tudo para nós! Façamos dele nossa dádiva a todo tempo.

IV

Em quarto lugar, e muito brevemente, *essa doutrina é motivo de humildade*. "Mas a salvação dos justos vem do Senhor". Você está salvo, meu querido irmão? E você sabe disso? Então, toda ideia de orgulho deve desaparecer, pois é claro que você não salvou a si mesmo. Essa regeneração, da qual você é participante, é o dom gratuito de Deus para um indigno — uma obra da graça sobre alguém que não poderia tê-la operado a si mesmo. O orgulho é extirpado. O Senhor concedeu-lhe tal salvação para que você permanecesse firme em sua integridade todos estes anos? Não se orgulhe disso, pois sua salvação de qualquer pecado exterior repugnante, vem do Senhor. Não vem de suas ações. Acima de tudo, não censurem os outros; e quando virem um pobre irmão abatido, quando virem um filho de Deus que errou e pecou gravemente, não comecem a censurá-lo com amargura e a entregá-lo ao desespero. Se você estivesse no lugar dele, poderia ter feito muito pior. Falo com dureza? Qualquer um que diga: "se eu estivesse no lugar daquele irmão, teria feito melhor", é um tolo. Ele não conhece a si mesmo. As probabilidades são de que ele teria feito muito pior. Ah, senhor fariseu! Você, sim, você é um prodígio! Maravilhosa é a sua pureza! Você age com esplendor. Que exemplo você é! Se você se visse à luz de Deus, veria que você é um aglomerado de corrupção e exala orgulho. É isso que vocês são. Aquele que começa a tripudiar de seu irmão caído é alguém mais propenso a cair. Aquele que aponta a um fiapo na roupa de seu irmão está vestido em trapos. Se estivermos firmes em meio à tentação, podemos render graças a Deus por termos feito isso; mas não devemos criticar os outros como se houvesse algo de bom em nós mesmos. A salvação do ser humano mais justo que já viveu vem do Senhor. Se o sol dele não foi eclipsado; se a lua dele não foi convertida em trevas; se as estrelas dele não caíram como folhas ressequidas de árvore, tudo é devido à graça de Deus, e somente à graça de Deus. É necessário dizer isso para nos impedir de nos exaltarmos em tola altivez.

Por isso, caros amigos, teremos de cantar uma melodia solene e agradável enquanto estivermos aqui, sempre que tocarmos em um assunto que nos diz respeito. Quando chegarmos ao céu, veremos então muito mais do que vemos hoje, veremos que a salvação vem do Senhor. John Bunyan[2] descreve seu peregrino atravessando o Vale da Sombra da Morte, e mesmo enquanto estava na escuridão e no horror daquele desfiladeiro, sabia que precisava do Senhor para ajudá-lo. Ele sentiu que tinha uma jornada terrível naquela noite, quando havia um pântano de um lado e um lamaçal do outro, e monstros e todos os tipos de criaturas terríveis ao redor, ele sabia que precisava de ajuda divina. Manteve-se no caminho, com a espada em mãos, e agarrou a arma em fervente oração, até que finalmente deixou aquele lugar horrível; e então soube melhor do que antes quão grande era a sua necessidade. Ele olhou para trás quando a manhã se levantou, e até então ele não tinha ideia do lugar que estava atravessando, e como era grande o poder que o sustentou em sua marcha noturna. Quando chegarmos ao céu e olharmos para trás para a nossa vida lá na Terra, veremos então as maravilhas da graça que, naquele momento, não podíamos contemplar plenamente.

---

[2] John Bunyan (1628-1688) foi um pregador e escritor puritano inglês amplamente conhecido por sua obra literária mais famosa, *O Peregrino*. Sua vida e obra são notáveis por sua influência duradoura na literatura cristã e sua perseverança durante um período de intensa perseguição religiosa na Inglaterra. [N.R.].

> Quando estou diante do trono
> Vestido com beleza, da qual não sou dono,
> Quando te vejo como és,
> Amo-te e rendo-me a teus pés,
> Lá, Senhor, saberei de fato
> Quanto devo e sou grato.

Creio que, no dia de nossa plena salvação, elevaremos, cada um de nós, um cântico de louvor que não somos capazes de fazer aqui. Cantaremos com toda a força de nosso coração e de nossos lábios quando entendermos do que Deus nos salvou. Mesmo assim, esta será a essência e a natureza de nossa canção — "a salvação vem do Senhor". Ele fez tudo isso e nos conduziu em segurança. O hino de Miriã, e de todos os filhos de Israel no mar Vermelho, ao atravessá-lo, quando todos os egípcios foram submersos, era uma canção muito jubilosa, mas qual será o nosso hino quando as portas do inferno tiverem sido derrubadas, e todos os nossos inimigos destruídos, e nos encontraremos diante do trono eterno salvos para sempre! Porventura, não exclamaremos: "Cantarei ao Senhor porque sumamente se exaltou" (Êxodo 15:1)? Não havemos nós, cada um, de contar nossa própria experiência, e de convidar os nossos irmãos da fé a cantarem cada vez mais veementemente ao Deus da salvação? Não aceitarão alguns de vocês aquela observação, na qual Miriã se ateve, sobre quando ela não podia ver um único egípcio? Os carros e cavalos do faraó foram todos afundados no mar, os seus capitães escolhidos também foram afogados no mar Vermelho; e assim ela atingiu o seu tamborim e, com todas as moças, dançou alegremente enquanto cantava: "as profundezas cobriram todos eles. Não há um, nenhum deles, nem mesmo um sequer". Assim cantaremos no céu: "Não há um, nenhum deles, nem mesmo um sequer. Nem mesmo um pecado, nenhuma provação, nenhuma tentação, nenhuma das aflições da vida sequer: o Senhor os removeu todos. "Não há um, nenhum deles, nem mesmo um sequer". A salvação vem do Senhor.

V

Termino com mais uma observação, ei-la: este texto dá-nos *um fundamento confortável de esperança*. "A salvação dos justos vem do Senhor". Então creio que Ele me salvará. Confio nele e, assim, torno-me justo pela fé; e, portanto, Ele me salvará de minhas agruras e preocupações. Irmão, chegue à mesma conclusão. Irmã, chegue à mesma conclusão. Vocês estão em uma condição terrível neste instante. Tudo anda mal. Vocês não sabem o que fazer. Mas "a salvação dos justos vem do Senhor". Ele ajudará vocês. Vocês estão em boas mãos. O Grande Piloto conhece melhor a navegação do rio da vida do que vocês. Vocês não conseguem enxergar um canal para o seu barco: há obstáculos em todos os lugares, ou areias movediças, ou pedras, ou águas pouco profundas. Ele conhece tudo a respeito disso. Descansem. Confiem. Esperem. Entreguem seu caminho ao Senhor. Há conforto pessoal pelo fato de nossa salvação vir do Senhor.

E há conforto, em seguida, no que diz respeito a todos os nossos irmãos que passam por provas. É minha sina — minha feliz ou infeliz sina — ser continuamente procurado por irmãos e irmãs em grande dificuldade. Pensam que posso ajudá-los, embora eu não possa. Mal sei o que lhes dizer. Posso tão somente elevar o fardo deles juntamente com o meu ao Senhor. Muitas vezes sinto grande dor em compadecer-me com as provações que não posso retirar; mas também é animador saber que o Senhor pode ajudar onde não podemos, pois "a salvação dos justos vem do Senhor". Ele pode ajudar os desesperançados, os desamparados, os empobrecidos, os que sucumbem. Ele trará o seu povo em segurança através de inundações e incêndios. Os seus apuros são muito grandes, e os seus fardos muito pesados, mas o Senhor porá debaixo deles os seus braços eternos. Orem por seus irmãos; compadeçam-se deles; ajudem-os

1

UM TESTEMUNHO DA GRAÇA LIVRE E SOBERANA

Mas a salvação dos justos vem do Senhor.
Salmos 37:39

A SALVAÇÃO é uma bênção inerente aos justos. Os ímpios não creem, via de regra, que têm alguma necessidade de salvação; portanto, não a desejam e tampouco a procuram. Os justos sabem que nascem em um estado decaído; reconhecem que se destruíram pelo pecado pessoal; e estão conscientes dos milhares de perigos que os circundam. Por isso precisam de salvação, precisam procurá-la e encontrá-la. É para eles que a salvação veio, para torná-los justos, pois até que sejam salvos, eles permanecem injustos, assim como os demais; porém, agora que a salvação chegou às suas vidas, eles produzem os frutos da justiça para a glória de Deus, seu Salvador.

Isso pode ser usado como uma descrição da vida daquele que crê: ele vive uma vida de salvação. Ele é salvo em Cristo, aquele que é a sua vida, em quem tem o perdão dos pecados e todas as outras bênçãos da aliança. Ele está sempre sendo liberto ou salvo; e desde o momento em que começa a crer até o último suspiro de vida na terra, quando, então, estará prestes a partir deste mundo para junto do Pai, toda a sua vida está envolvida no círculo divino da salvação. Deus está operando a salvação para ele, nele e por meio dele, e Ele faz com que receba a plenitude da salvação que desfrutará para sempre no mundo vindouro.

> A salvação está sempre perto
> Das almas que temem e no Senhor confiam;
> E a graça desce do alto,
> Novas esperanças da glória premiam.

Amados amigos, regozijemo-nos com a justa palavra régia "salvação." Deixemos o seu eco percorrer o mundo. Para nós, é uma palavra de grande significado. Não significa apenas a salvação da punição do pecado, embora contemple essa bênção, e nos alegramos por isso; mas significa salvação completa e imediata do amor pelo pecado, salvação consciente do poder do pecado, salvação crescente da propensão ao pecado e salvação derradeira de toda tendência ao pecado. Uma vez que recebamos a salvação plena, nunca mais pecaremos, contudo, veremo-nos diante do trono de Deus, e seremos tão puros quanto o próprio trono, aperfeiçoados pela obra do Espírito Santo, que nos santificará inteiramente: espírito, alma e corpo. As pessoas mundanas pensam, quando falamos de salvação, que queremos dizer "fugir do inferno": isso é tudo o que elas temem, e por essa razão isso lhes estarrece como o assunto principal: mas os nossos pensamentos não são os delas. Livrar-se das dores e punições do mal é certamente uma grande dádiva, mas não é de modo algum a maior: segue o rastro de uma dádiva maior, assim como o brilho do cometa segue a luz central. Os justos temem o pecado mais do que o inferno, e o mal é mais terrível para eles do que qualquer castigo que os aguarda.

tanto quanto puderem; e então, quando vocês se entregarem ao Senhor, entreguem esses irmãos ali também.

Em seguida, isso deve nos dar esperança em relação àqueles que buscam a Deus. Vejo diante de mim alguns irmãos e irmãs cuja vida se dedica a encorajar as pobres almas errantes a voltarem para o Senhor. Às vezes você está relutante e derrotado. Bem, "a salvação dos justos vem do Senhor". Certamente, se a salvação dos justos vem do Senhor, quanto mais deve ser a salvação dos necessitados que vivem a buscar. Tenha esperança sobre o mais vil e o pior dos seres humanos. Se há alguém assim aqui hoje, tenha esperança, pois se o Senhor ordena aos justos, em quem há uma medida de sua graça, que olhem para Ele para obter salvação, certamente Ele ordena que vocês façam o mesmo, pois vocês não têm nada que de fato seja seu. Se aqueles que são justos diante de Deus ainda encontram sua salvação somente nele, para onde vocês devem olhar? Vocês devem olhar também para o Senhor. Olhe para Jesus na cruz e encontre nele a salvação; porque o Senhor Jesus redimiu com o seu precioso sangue todos os que nele confiam. Ó meu querido ouvinte, venha e se entregue a Ele! "Porque Cristo, estando nós ainda fracos, morreu a seu tempo pelos ímpios": assim está escrito. Olhem para aquela morte extraordinária do Filho de Deus, que redime pessoas como vocês são, e também em você se verificará que a salvação vem do Senhor. Que Deus os abençoe e os faça regozijar-se em sua salvação.

2

TUA SALVAÇÃO

Ele, então, o tomou em seus braços, e louvou a Deus, e disse: "Agora, Senhor, podes despedir em paz o teu servo, segundo a tua palavra, pois já os meus olhos viram a tua salvação".
Lucas 2:28-30

NA MANHÃ do último domingo, usamos o grande machado para limpar a floresta da justiça própria: uma após a outra, as esperanças humanas foram forçadas a cair, pois o machado foi lançado contra as raízes das árvores. Agora cultivemos a clareira e semeemos nela a boa semente. Poderíamos ter tido como lema, então, "O Senhor dos Exércitos formou este desígnio para denegrir a soberba de todo o ornamento e envilecer os mais nobres da terra" (Isaías 23:9). Tentamos varrer todos os vestígios de qualquer coisa semelhante à autoconfiança ao mostrarmos que Cristo Jesus veio para salvar os pecadores, e que somente como pecadores poderiam ter alguma parte ou porção nele. Nosso Senhor se entregou por nossos pecados, mas nunca se entregou por nossa justiça. Testemunhamos que a bondade humana é uma mera ficção, e que é antes um obstáculo do que uma ajuda para a obra da salvação, uma vez que se opõe ao grande princípio da graça, somente pelo qual as pessoas podem ser salvas. Até agora, o nosso trabalho tem sido erradicar, demolir, destruir e derrubar, e esperamos que esteja sendo feito de maneira satisfatória. Ora, há um tempo para edificar, bem como um tempo para demolir, e como nós mostramos na primeira ocasião o que a salvação não é e não pode ser, assim esforcemo-nos, com a ajuda do Espírito de Deus, para indicar onde realmente está a salvação, para que aqueles que aprenderam a desviar o olhar de si mesmos possam agora ser ensinados a olhar para Cristo. Que o Espírito Santo nos conceda esse desejo do nosso coração, e que milhares, por este sermão, encontrem a salvação.

Observem que Simeão encontrou Cristo no templo, sendo conduzido para lá pelo Espírito Santo. Havia uma antiga promessa: "De repente, virá ao seu templo o Senhor, a quem vós buscais" (Malaquias 3:1), e isso provavelmente atraiu o homem santo aos átrios do Senhor. Entretanto, o Senhor poderia ter vindo, e Simeão poderia não estar, ou o bondoso ancião poderia estar ocupado em algum outro átrio do lugar santo; mas sendo conduzido pelo Espírito, ele veio ao local designado no mesmo momento em que a mãe do Cristo trazia o bebê em seus braços para que se cumprisse nele a lei. Nisso Simeão é um exemplo da verdade de que aqueles que são guiados pelo Espírito encontram Cristo, e somente eles. Ninguém jamais vem a Cristo por sua própria inteligência e sabedoria, tampouco por sua própria vontade espontânea: somente aquele que é atraído pelo Espírito vem a Cristo. Devemos nos submeter ao ensinamento divino e à atração divina, ou então Cristo pode ir a seu templo, mas não o perceberemos. Portanto, gostaria de observar sinceramente, no início deste discurso, como é necessário que nos submetamos ao agir do Espírito Santo sobre nossa alma; deixe-me dizer que privilégio é ser movido pelo Espírito, e quão alegremente devemos acolher suas influências divinas. Amado ouvinte, ao amar a sua própria alma, seja muito afável com o Espírito Santo e valorize até mesmo a menor centelha de seu fogo divino. Não apague o Espírito, nem o entristeça. Valorize o amor do Espírito e ore para sentir seu poder. Quando Ele vier sobre você para convencê-lo do pecado, seja moldável em sua mão, ceda aos seus ensinamentos e humildemente confesse as falhas e insensatezes de que Ele o convence. Quando Ele vier para conduzi-lo suavemente ao Salvador, não seja como o cavalo ou como a mula que não têm entendimento, mas siga alegremente para onde Ele o atrai, de acordo com a oração do esposo no Cântico: "Leva-me tu, correremos após ti" (Cantares 1:4). Toda a esperança de encontrar Cristo, querido amigo que procura, reside no Espírito de Deus que ilumina a nossa compreensão, restringe a nossa vontade e vivifica os nossos sentimentos; portanto, nunca o irrite, mas esteja sempre pronto a obedecer à sua mais ténue advertência. O vento se move onde deseja, e quando você sentir o seu sopro, alegre-se em abrir suas asas para que você seja levado para cima pelo seu poder.

Simeão, sendo assim conduzido pelo Espírito, foi até onde Cristo estava, mas observe como os olhos do ancião foram céleres em vê-lo. Como ele deveria saber que aquele bebê envolto em panos era o Cristo do Senhor? Sem dúvida, havia muitos outros no templo que viram José, Maria e Simeão, o sacerdote, mas pensaram que nada se via senão uma jovem campesina e o seu marido trazendo a sua singela oferta para apresentar o seu primogênito. Os frequentadores do templo passavam de um lado para o outro e não perceberam magnitude em uma cena tão comum, mas o olhar atento de Simeão mal havia iluminado a pessoa pueril de nosso divino Senhor, que imediatamente ficou encantado e cheio de lágrimas de júbilo. O santo ancião foi imediatamente ter com a mãe, pegou o bebê nos braços e, sem hesitar, disse: "Os meus olhos viram a tua salvação". Aqueles que têm procurado e desejado Cristo são geralmente os primeiros a percebê-lo. Esse homem estava à espera da consolação de Israel, e por isso, ele conseguiu discernir o falso do verdadeiro, de modo que, quando Jesus apareceu, ele o conheceu imediatamente. Ó alma, se você anseia por

Cristo, saberá quando Ele estiver por perto, assim como os cervos sedentos do deserto cheiram as águas de longe. Se vocês tiverem uma intensa fome pelo Senhor Jesus, não precisarão saber o que é pão; não serão enganados por uma pedra, pois a fome de vocês os instruirá. Nesse caso, um instinto brota do apetite, o discernimento surge do desejo: se você anseia por Cristo, você não será facilmente enganado por falsos mestres, pois você saberá o que a sua alma anseia e não se contentará com mais nada. Assim que uma alma verdadeiramente desperta vê Jesus, embora sejam apenas as primícias dele, ela o reconhece: reconhece a orla de suas vestes e suas pisadas. Embora o Senhor seja visto apenas como um bebê, e a ideia do coração dele seja muito incompleta, Ele é percebido como O Incomparável, e a alma clama: "Ele é a minha salvação completa e todo o meu desejo". Que sejamos, dessa maneira, ensinados pelo Espírito de Deus, levados a ansiar por Cristo, e assim possamos ser céleres em percebê-lo e ver nele infinitamente mais do que este mundo cego jamais sonhou.

Tentemos aprender com Simeão no dia de hoje. Não deveriam os anciãos ensinar-nos sabedoria? Três coisas me parecem dignas de nossa observação atenta: primeiro, que Cristo é a salvação, pois esse é o cerne e o âmago do canto de Simeão: "meus olhos viram a tua salvação"; segundo, que Cristo deve ser levado aos braços e observado; e terceiro, que quando o tratamos assim, Cristo exerce um efeito maravilhoso sobre a alma. Que sejamos levados a experimentar tudo isso por nós mesmos. Pôr em prática é muito melhor do que meramente ouvir. Posso pregar-lhes, e talvez nada aconteça, mas se vocês agora vierem e tomarem o meu Senhor em seus braços, uma eternidade de benesses lhes sobrevirá. Oh, provem e vejam que o Senhor é bom.

I

Em primeiro lugar, aprendemos com Simeão que *Cristo é a salvação*. Ele é um Salvador, pois assim cantaram os anjos: "pois, na cidade de Davi, vos nasceu hoje o Salvador, que é Cristo, o Senhor" (Lucas 2:11); mas Ele é mais do que um Salvador; Ele é a própria salvação. Moisés cantou: "Ele me foi por salvação" (Êxodo 15:2). Davi disse: "O Senhor é a minha luz e a minha salvação" (Salmos 27:1), e Isaías exclamou: "Eis que Deus é a minha salvação" (Isaías 12:2). É bom vermos a salvação na obra, vida e morte de Cristo, mas nunca devemos esquecer que a sua essência reside em sua pessoa: Ele mesmo é a salvação. Em seguida, tomou-o nos braços e disse: "Os meus olhos viram a tua salvação". Isso foi antes de nosso Senhor ter começado a pregar ou a ensinar, ou a sofrer pelos nossos pecados: como um bebê, Ele era a salvação de Deus. O evangelho perde muito de sua doçura quando a pessoa de Cristo é colocada em segundo plano e tratada como se fosse um mero mito, ou como se o evangelho fosse uma questão secundária. Ora, essa é a iguaria mais seleta da festa, o alimento mais substancial com o qual os santos são alimentados: sua carne é carne de fato, e seu sangue é verdadeira bebida. Tudo que se refere a nosso Senhor é salvífico, pois Ele mesmo é salvação. Seu ensinamento, seu exemplo, seu amor, sua ternura, seus sofrimentos, sua glória — todos nos ajudam; mas é o glorioso cerne de quem Ele é que valida todas essas coisas. Se Ele não fosse um ser humano, Ele não poderia ter morrido, e se Ele não fosse Deus, sua morte não poderia ter validado nossa redenção. É o que Ele é que dá virtude ao que Ele faz. Somos convidados a vir, não para o seu trabalho, mas para Ele mesmo: "Vinde a mim, todos os que estais cansados e oprimidos, e eu vos aliviarei" (Mateus 11:28). A Ele viemos, e o nosso coração pode dizer: "só Ele é a minha rocha e a minha salvação" (Isaías 62:6).

Busquemos esse lema ao dizer sobre nosso Senhor que Ele é a única salvação. Simeão não encontrou outro lema. É-nos dito daquele santo ancião que ele era justo e devoto, e certamente se alguém pudesse ter visto a salvação pela Lei, Simeão a teria visto. Justo em relação às pessoas, devoto em relação a Deus, ele havia atingido o verdadeiro equilíbrio de um caráter perfeito; mas ele não tinha visto a salvação em seu próprio caráter, ele a procurou no Cristo do Senhor. Não foi para as suas ações honestas perante os seus semelhantes, tampouco para as suas orações em segredo e comunhão com Deus, Simeão voltou-se para a vida eterna, caso contrário ele não teria procurado uma salvação que já encontrara; tampouco teria ele clamado arrebatadoramente ao ver de Jesus. "Os meus olhos viram a tua salvação". Você não viu a salvação em você mesmo, Simeão, tampouco em qualquer coisa que você tenha feito, sentido ou dito; mas lá, naquele bebê, você a contemplou com supremo deleite.

Simeão também conhecia muito bem os átrios da casa do Senhor. Ele era um dos que quase moravam no templo. Sacrifícios eram vistos por ele todas as manhãs e todas as noites, e em todas as grandes festas; mas no sangue de novilhos e cordeiros ele nunca vira a salvação. Muitas vezes ele contemplava os modelos instrutivos e as ordenanças simbólicas da Lei; mas, ao olhá-los, via apenas sombras e, todavia, aguardava a essência. Nunca sobre o cordeiro sacrificado pela manhã, ou sobre a ceia pascal, Simeão disse: "Os meus olhos viram a tua salvação": essa exclamação nunca foi proferida até que ele tivesse visto o próprio Cristo. Amados, a salvação não se encontra nas ordenanças nem nos sacramentos. Deus nos livre de dizer quando vimos o batismo, ou sua emulação: "nós te damos graças de coração, Pai misericordioso, que te agradou regenerar este bebê com o teu Espírito Santo, para recebê-lo como teu próprio filho por adoção, e incorporá-lo em tua santa Igreja" Há alguns que falam assim perversamente, embora mal possamos imaginar que acreditam no que dizem. É em vão mostrar-lhes a sua loucura, estão apegados a ela: mas oremos: "Pai, perdoa-lhes, porque não sabem o que fazem" (Lucas 23:34), Deus nos livre de falar da salvação vinculada à ceia do Senhor como fazem os supersticiosos, que parecem considerá-la um passaporte para o Paraíso e, portanto, obrigá-la sobre os que agonizam. Verdadeiramente, na ceia do Senhor, podemos comer e beber condenação a nós mesmos, a menos que possamos discernir o corpo do Senhor. É no próprio Senhor que há salvação, e em nada mais; nem mesmo na prática das ordenanças de Deus é encontrada salvação, pois o Senhor não a estabeleceu ali. Veja Jesus e você viu a salvação, a única salvação. A vida mais moral e a celebração mais cuidadosa das cerimônias sagradas irão deixá-los aquém da salvação das suas almas, a menos que vejam Jesus e o considerem o tudo em todos. Todos nós devemos aprender a cantar aquele cântico que Isaías registrou em seu capítulo doze: "Eis que Deus é a minha salvação; eu confiarei e não temerei porque o Senhor Jeová é a minha força e o meu cântico e se tornou a minha salvação" (Isaías 12:2).

Segundo o cântico de Simeão, o Senhor Jesus é a salvação de Deus. Detenha-se nessa pequena palavra "tua". "Os meus olhos viram a tua salvação". Na pessoa de Cristo, vemos a salvação que Deus, desde a antiga aliança, havia concedido ao seu povo; a salvação que, no devido tempo, o Senhor havia preparado diante da face de todos os povos, uma luz para iluminar os gentios e a glória de seu povo Israel. A salvação prometida, predestinada e preparada de Deus é Cristo Jesus. Essa é a salvação de que os profetas falaram, para a qual todos os símbolos apontavam — a salvação que estava escondida de eras e de gerações, para que pudesse brilhar como o sol sobre esta abençoada dispensação. É uma salvação concebida e oferecida por Deus, que manifesta e glorifica a Deus; uma salvação que é semelhante a Deus, sendo justa e graciosa, e muito além da mais alta compreensão; essa é a salvação de Deus.

Ó amados, pensem muito em Cristo, porque o Senhor Deus todo-poderoso o designou para vocês e o entregou a vocês. Deus entregou o seu próprio Filho por vocês, o seu próprio Filho amado; e Ele mesmo, pelo Espírito Santo, revelou-o a vocês e em vocês, ensinando-os a conhecê-lo, a confiar nele, a amá-lo e a segui-lo. Portanto, valorize Jesus acima de qualquer preço como a própria salvação de Deus. O próprio Deus aceita Cristo em nosso lugar e faz dele a nossa salvação: não o aceitaremos nós? O próprio Deus repousa em Cristo, não repousaremos nós nele também? Deus sente um cheiro suave no sacrifício que Cristo ofereceu; não nos regozijaremos também nele e nos alimentaremos da oferta de paz, e nos alegraremos perante o Senhor? Alguns de vocês estão buscando a salvação neste momento? Rogo-lhes que não pensem em inventar um salvador próprio, mas estejam dispostos a tomar a salvação de Deus; e quando vocês perguntarem o que e quem é essa salvação, nossa única resposta deve ser: Cristo é a salvação de Deus. Se vocês viram Jesus com os olhos da fé, seus olhos viram a salvação de Deus; vocês são salvos, salvos imediatamente, salvos para sempre. Jesus é o bálsamo do céu para as feridas da terra, o remédio de Deus para as doenças da humanidade, não deixem de lado essa dádiva inestimável da misericórdia infinita. Recebam-no de coração: recebam-no imediatamente. Jesus está diante de vocês, tomem-no em seus braços.

Quando Simeão disse: "Os meus olhos viram a tua salvação", ele provavelmente quis dizer que naquele pequeno bebê ele viu a salvação estabelecida em sua essência. Vocês podem agora usar imaginação e fé juntas e chegar aos átrios do templo? Vocês podem ver Maria com o pequeno Cristo nos braços? Olhem para Ele e tomem-no, coloquem-se no lugar de Simeão e digam: "os meus olhos viram a tua salvação". Essa criancinha é a salvação, mas como pode ser? À luz das Escrituras, podemos entender outro aspecto que se mostra incrível. Pois aí está, em primeiro lugar, Deus em carne humana: a natureza divina em misteriosa união com a humana. Eis que aquele que está agora nos seus braços como uma criança é também o Deus infinito; em sua humanidade, Ele é fraco, em sua divindade, é onipotente; Ele é ao mesmo tempo o Filho do Homem e o Filho de Deus. Eis aí a salvação dos seres humanos. Quando pensamos no fato de que Deus desceu ao nosso estado inferior e adotou nossa natureza, temos certeza de que Ele não deseja nada além de coisas boas aos seres humanos, e estamos prontos para transbordar com a jubilosa declaração de Simeão e clamar: "meus olhos viram tua salvação". Temos certeza de que os seres humanos serão elevados ao céu agora que o céu desceu aos seres humanos.

Nosso Senhor não era apenas uma criança, mas uma criança pobre; tão pobre que sua mãe, quando teve de apresentá-lo, não podia trazer um cordeiro, que era o sacrifício para todos os que podiam pagar, mas ela apresentou a oferta mais pobre, um par de rolinhas ou dois pombos jovens, e então ela veio como uma mulher pobre, e Ele foi apresentado ao Senhor como filho de uma mulher pobre. Aqui, também reside um rico conforto para o coração humilde, e ao pensar nisso, cada um pode dizer: "os meus olhos viram a tua salvação". Quando penso no Príncipe da Glória e no Senhor dos anjos, que se inclinam submissos, e que uma pobre mulher o carrega nos braços e o chama de seu bebê, certamente deve haver salvação para os mais humildes, os mais pobres e os mais oprimidos. Quando o Senhor todo-glorioso, para encarnar, nasce em um bebê, nascido de uma mulher pobre e publicamente reconhecido como filho de uma mulher pobre, temos a certeza de que Ele receberá os mais pobres e desprezados quando procurarem o seu rosto. Sim, Jesus, o filho do carpinteiro, significa salvação para os carpinteiros e para todos os outros de nível inferior.

Mas por que Maria o levou ao templo? Ela o levou para resgatá-lo ou remi-lo. Ele era seu primogênito e, portanto, deveria ser remido. Ele estava então debaixo a Lei? Sim, por nossa causa Ele estava debaixo da Lei; e aquele que nos remiria tinha de ser Ele próprio remido. Quando penso nas moedas que a sua mãe pagou como pagamento pelo resgate, que contraste se levanta diante de mim! Ele nos remiu a Deus pelo seu sangue, e, no entanto, como primogênito de Maria, um preço foi pago em prata por Ele. "Esse belo preço em que fui avaliado por eles" (Zacarias 11:13). Agora, porque nosso Senhor Jesus veio sob a Lei e obedeceu aos seus preceitos, vemos a salvação nele. Quando o próprio Deus, encarnado, veio sob a Lei, de modo que o pagamento pela sua remição acontecesse, entendemos tudo, pois está escrito: "mas, vindo a plenitude dos tempos, Deus enviou seu Filho, nascido de mulher, nascido sob a lei, para remir os que estavam debaixo da lei, a fim de recebermos a adoção de filhos"

(Gálatas 4:4-5). Esse maravilhoso rebaixar-se da divindade para a humilde humanidade e essa maravilhosa observância da Lei em nossa natureza por aquele que é Emanuel, Deus conosco, trouxe salvação à nossa raça caída. Alegrem-se, alegrem-se e alegrem-se, pois Cristo nos remiu da maldição da lei, tornando-se maldição por nós para que a bênção de Abraão viesse sobre os gentios por meio de Jesus Cristo, para que recebêssemos a promessa do Espírito pela fé.

Mas, a meu ver, Simeão não apenas viu a salvação representada em sua essência, mas a sua fé viu a salvação garantida pelo aparecimento do maravilhoso menino. A encarnação é o início da substituição, e o início da substituição é a garantia de sua conclusão e de sua continuidade. Nosso Senhor não teria tomado sobre si a natureza da descendência de Abraão, se não tivesse a intenção de remi-los e salvá-los. "E, visto como os filhos participam da carne e do sangue, também ele participou das mesmas coisas, para que, pela morte, aniquilasse o que tinha o império da morte, isto é, o Diabo" (Hebreus 2:14). Estejam certos disto: de que Ele não começará a lutar contra Satanás e depois deixará a batalha antes que o inimigo seja destruído. Naquele bebê, Simeão fez bem em ver a obra completa de salvação dos seres humanos, pois a aparição do Senhor em nossa carne e sangue era a inabalável garantia disso. Ele viu ali uma obediência perfeita apresentada a Deus, pois o bebê foi colocado sob a Lei no primeiro momento, e seu pagamento pela remição foi feito, um sinal confiável de que até o fim o Deus encarnado dirá: "porque assim nos convém cumprir toda a justiça" (Mateus 3:15). Cristo não omitiria nenhum jota ou til da Lei, uma vez que mesmo sendo um bebê, Ele foi circuncidado e apresentado no templo de acordo com a Lei.

Simeão, não duvido, viu na apresentação de Cristo no templo uma prefiguração da sua morte sacrificial. Chegaria o tempo em que Ele deveria ser levado ao altar, e nenhuma remição seria oferecida por Ele, pois Ele mesmo devia ser o preço pelo seu povo. Simeão viu, enquanto olhava para o menino, a agonia e o suor de sangue, a cruz e a paixão, pois sabia que o Deus encarnado não se negaria a fazer nada que Ele mesmo tivesse experimentado. Aquele rosto formoso e belo, provavelmente o mais belo que o olho humano jamais viu — ele podia, pela fé, ver seu rosto mais desfigurado do que o de qualquer ser humano, enquanto em nosso lugar sofria a ira de Deus.

Simeão foi tão bem instruído que sua fé viu o bebê morto no devido tempo, morto porque a Lei havia cumprido sua sentença e aquele que sobre si leva os pecados teria de morrer. E ele podia ver a ressurreição também. Ao ver o menino levado para casa pela mãe alegre por ter sido remido, ele previu a hora em que Jesus voltaria para o Pai, tendo realizado a remição eterna para todo o seu povo. Ele viu naquela criança luz e glória, e sentiu uma profunda paz inundar sua mente diante de seus olhos, e, portanto, tenho certeza de que ele viu no menino Cristo o penhor e a garantia da perfeita obra que culminou com isto: "está consumado". Belém garante o Getsêmani e o Calvário, pois o Cristo de Deus não falhará tampouco desanimará, mas, estendendo a mão, consumará a obra que seu Pai lhe deu.

Então, amados, se vocês veem Cristo, vocês veem o valor e a completude de sua obra. A pessoa de Cristo está tão intimamente ligada a tudo o que fez, que traz consigo toda a sua virtude e eficácia, e, olhando para Ele, recebemos o resultado de tudo o que realizou. Confiem em Jesus como aquele que nasceu em nossa natureza, que viveu uma vida de santidade, que morreu uma morte sacrificial, que foi sepultado, que ressuscitou, que intercedeu, e que logo há de vir novamente, e vocês têm nisso a salvação. Jesus em qualquer lugar, Jesus em todo lugar, é a salvação. Aqueles que têm apenas uma visão restrita dele e o contemplam mais em sua infância do que em sua glória, viram sua salvação mesmo assim. Venham, pois, os que temem, os que estão vacilantes, os temerosos, e vejam a salvação garantida por um Salvador que se ajusta perfeitamente as fraquezas de vocês. Mesmo uma pessoa idosa fraca consegue levantar um bebê; venham em sua fraqueza e abracem o Salvador em cuja pequenez benevolente a salvação está garantida.

Eu poderia dizer muitas coisas aqui, mas prefiro apenas manter este ponto: que Jesus Cristo é o todo da salvação. Simeão não disse: "Os meus olhos viram uma parte da tua salvação". Não, mas a totalidade. Cristo comprou com o seu sangue tudo o que era necessário para a nossa redenção e, tendo-a comprado, trouxe-a do alto até nós, descendo para buscar e salvar os perdidos. Ele veio à terra para proclamar a salvação, e para que todos saibam que ela está guardada nele. "Porque foi do agrado do Pai que toda a plenitude nele habitasse" (Colossenses 1:19). Como Ele possui a salvação, assim Ele a concede, pois é exaltado nas alturas para dar arrependimento a Israel e remissão dos pecados. Como Ele a concede, assim da sua plenitude fez com que todos nós recebêssemos graça pela graça. Porque Ele nos atrai para si, viemos e estamos vindo a Ele perpetuamente. Nele temos a nossa vida preservada, e por Ele os nossos passos são firmados, porque Ele vive, nós também vivemos, e de Deus, Ele é feito sabedoria e santificação para nós.

Cristo tem salvação dentro de si mesmo, e aquele que o recebe tem salvação completa. "Aquele que crê em mim tem a vida eterna" (João 6:47). Irmão, você é salvo da ruína da queda se você tiver Cristo; o segundo Adão reparou as ruínas do primeiro Adão. Irmão, você é salvo da culpa do pecado se você tem Cristo, pois o seu pecado não é mais seu; não lhe é mais imputado: "O Senhor fez cair sobre ele a iniquidade de todos nós" (Isaías 53:6). Irmão, você é liberto do poder do pecado original se você tiver Cristo; pois eis que a vida recém-nascida dentro de você será uma fonte que jorra para a vida eterna. Cristo entrou em você e Ele amarrará o valente e o expulsará. Quando temos Cristo, meu irmão, obtemos a vitória sobre o mundo, a carne e o Diabo; pois esta é a vitória que vence todos eles, a nossa fé. Avance e compreenda o que já é seu. Sim, e quando a morte vier, não será morte, porque aquele que vive e crê em Cristo nunca morrerá.

Você será mais do que um vencedor nesse aspecto também, portanto, não fique aprisionado pelo medo da morte. Você tem salvação em todos os seus aspectos, e em todas as suas formas, assim que tiver obtido Cristo. Que ensino comum, talvez, você pense. Sim, que seja comum; que seja o pão do qual você vive, o ar que você respira. Peço-lhe que nunca se esqueça de que toda a salvação está em Cristo. Não espere encontrar uma parte dela em você mesmo, nem em ordenanças exteriores, nem em obras da lei, nem no ofício sacerdotal, nem mesmo em qualquer outro lugar; pois o corpo da salvação é Cristo, e toda a sua essência está nele. Você se opõe a isso? Então, deixe-me perguntar-lhe: em que ponto Cristo é incompleto? De que mais você precisa? Você quer penitências? Ele já não sofreu tudo o que a justiça requer? O que você ainda deseja? Você trabalharia para ganhar o reino dos céus? Eis que Ele abriu o reino dos céus a todos os que creem por meio da obra que o cobriu em sangue e suor. O que mais é necessário? O lavar-se? Eis a fonte repleta de seu sangue. O vestir-se? Eis o manto da justiça imaculada. Um remédio? Verdadeiramente, por suas pisaduras, somos sarados. Pense em tudo o que pode ser necessário para tornar alguém perfeito, e você encontrará tudo em Cristo. "Porque nele vocês estão completos." "Cristo é tudo."

Suponhamos, amados, que nosso Senhor Jesus não fosse perfeito como salvador, como seria? Algum de nós poderia compensar o que falta? O que há de nosso que poderíamos trazer para Ele? Se o seu manto de justiça não fosse suficiente, algum dos nossos trapos imundos estaria apto a juntar-se à sua vestimenta de ouro? Se essa fonte não fosse repleta e eficaz para limpar, o que você adicionaria a ela? O que poderia contribuir senão a sua própria sujeira? Que ajuda poderia ser essa? Imaginem em unir um mosquito com um arcanjo, e depois imaginem que vocês podem ajudar seu Senhor na obra de salvação. Seria necessário um verme rastejante para completar a obra daquele que fez o mundo? Que disparate absurdo é esse! O Filho de Deus deve ser ajudado por pecadores mortos em pecado? Ó caro, se Jesus não é capaz de salvá-lo do começo ao fim, você é um perdido, pois nem você, nem sacerdote, nem papa, pode trazer nada ao Senhor que não seja escória e esterco, e que isso seja rendido como ouro mais fino depurado em fogo, com o qual Cristo redime a alma dos seres humanos. Neste momento, falo pessoalmente da minha própria confiança, não tenho esperança de ser salvo se Jesus não for a totalidade de minha salvação. Confio nele em tudo e para tudo, e alerto solenemente a todos os que confiam um pouco em Cristo, e também um pouco em si mesmos, que a sua esperança será vã. Jesus deve ser tudo ou nada. Se tomarmos Cristo, devemos tomar a totalidade de Cristo; não deve haver preferência ou escolha. Devemos ter tudo de Cristo e Ele deve ser toda a nossa salvação e todo o nosso desejo. O que o impede? Com certeza nos deleitaremos em fazer isso imediatamente.

II

Deixemos nosso primeiro assunto para que vocês reflitam, e partamos para o segundo. *Cristo deve ser levado em nossos braços e visto.* Estou certo de que, quando Simeão tomou Cristo em seus braços, embora fosse uma ação física, havia uma ação espiritual subjacente: foi em seu coração que ele tomou o nosso Senhor. E quando seus olhos naturais viram Cristo, ele o viu também com os olhos de sua alma; disso temos certeza, pois se a simples visão de Cristo com seus olhos tivesse sido tão agradável a Simeão, ele teria dito: "Senhor, não deixe o teu servo ir embora, pois os meus olhos viram a tua salvação; deixe-me, portanto, ficar aqui para vê-lo sempre". Mas a visão era espiritual, e, portanto, ele, embora tivesse conhecido Cristo segundo a carne, doravante não desejava mais nem mesmo conhecer a si próprio, mas estava disposto a partir para o reino dos espíritos puros, para o qual essa visão o preparara. Agora, você vai tentar imaginar Simeão tomando em seus braços Cristo para que você possa fazer o mesmo? Ele mal o percebera e, sem pedir permissão a ninguém, ergueu o abençoado bebê em seus próprios braços. Essa era uma compreensão da fé e seu significado era: "Ele é meu: eu o tomo como minha salvação". Por conta própria abraçou o Senhor encarnado, e não se envergonhou de confessar a sua fé nos átrios da casa do Senhor, no meio de Jerusalém. Tinha-lhe sido revelado que ele não deveria ver a morte até que tivesse visto o Cristo do Senhor, e agora ele declara abertamente que este é o Cristo, a consolação de Israel. Caros ouvintes, vocês podem levantar os braços agora e tomar meu Senhor para que Ele seja o Senhor de vocês para sempre. Não há ninguém que o proíba; não, muitos estão convidando vocês agora. Tome-o agora e regozije-se. O seu coração diz: "Sim, Ele será meu"? Em seguida, não demore em reivindicá-lo como seu. Que maravilhosa misericórdia é que Jesus possa ser tomado nos braços e a salvação seja assim carregado nas mãos dos seres humanos! Aquele que no princípio estava com Deus, e é de fato o próprio Deus, pode, no entanto, ser tomado nos braços da fé: um Cristo inteiro pode ser mantido nos braços fracos de um homem idoso. Oh, que outros homens idosos viessem e o tomassem-no nos braços. Sim, e também os jovens, e também as mulheres. Deus gostaria que milhares de todas as idades, homens e mulheres, confessassem agora que o Senhor Jesus é a sua salvação. Que Deus os ajude a fazer isso de imediato.

Simeão segurou aquele bebê com mãos de amor e de fé, pois tenho certeza de que aquele senhor o trouxe junto ao peito e olhou com muito carinho para Ele ao dizer: "Meus olhos viram a tua salvação". Ele não poderia segurá-lo à distância de um braço, o que teria sido impossível em tal caso, mas ele sentiu que finalmente viu o objeto mais querido de seus desejos e, portanto, o apertou em seu peito. Venham, façamos o mesmo, todos nós.

> Meu Jesus, minha salvação, tu és todo meu, e eu te amo. O céu dos céus não pode conter-te, mas eu te tomo em meus braços. Tu preenches todos os mundos, e ainda assim eu tenho a ti, todo meu, o amado da minha alma para sempre.

Que completude obteve aquele senhor em seus braços. Alguma vez o braço humano carregou algo mais precioso, um tesouro mais desejável? Venham, pois, irmãos e irmãs, digam: "Cristo será meu hoje, todo meu e para sempre meu; pela fé eu o tomo como meu". Deus os ajude, pelo seu Espírito Santo, a abraçar nosso Senhor de tal maneira.

Enquanto ele segurava assim a criança nos braços, ele a contemplava com intenso deleite. Sei que sim, pois ele disse: "Os meus olhos viram a tua salvação". Com que prazer e reverência admiráveis ele olhou para aquele rosto querido e marcou aqueles traços divinais. Sem dúvida ele olhou, e olhou, e olhou, e olhou, e olhou de novo: mal podia tirar-lhe os olhos. Assim você deve fazer com Cristo. Primeiro, tome-o para ser seu e, em seguida, deixe seus olhos se fixarem nele. Nunca deixe que os seus pensamentos abandonem esta que é a ideia mais preciosa para a santa meditação.

Pensem muito naquele que é a totalidade da nossa salvação e abracem-no com relação a isso. Infelizmente, há alguns cristãos que nunca pensam em Jesus dessa maneira. Há uma certa doutrina que diz que se pode estar salvo hoje e perdido amanhã. Nenhum cristão obtém a salvação eterna de acordo com essa teoria, mas apenas uma salvação temporária e potencial. Nessa teoria, não há como ver toda a salvação de Deus assim que se vê Jesus, apenas se vê uma mera esperança da salvação; mas sabemos que todo aquele que crê em Jesus é salvo e, portanto, afirmamos que Cristo é a salvação, e aquele que o tem é salvo. As palavras de Cristo são: "Dou às minhas ovelhas a vida eterna, e nunca hão de perecer, e ninguém as arrebatará das minhas mãos" (João 10:28); e aquele que conhece o significado dessas palavras se alegra por ter toda a salvação em seus braços, e ele pode olhar para ela enquanto viver, e nunca deixar de olhar, pois a salvação é digna de admiração por toda a vida.

Gosto da ideia de Simeão ser um homem avançado em idade e tomar o menino Jesus em seus braços. Tenho esperança de que um dia desses, pela misericórdia de Deus, este nosso pobre velho mundo, que chegou à sua velhice e caducidade, seja levado pela graça soberana a abraçar Jesus, aquele que é sempre novo. Então amanhecerá o milênio, e o mundo poderá então orar para que a última conflagração acabe com a sua triste história, dizendo: "Agora, deixe este mundo partir em paz, pois ele viu a tua salvação".

Porém, deixando de lado a linguagem figurada, é uma grande bênção para alguém de avançada idade ter Jesus nos braços. Embora ele seja compelido pelas enfermidades da idade a perguntar a Barzilai: "Poderia o teu servo ter gosto no que comer e beber?" (2Samuel 19:35). No entanto, ele encontrará grande doçura no pão do céu, e o nome de Jesus será como vinhos sobre as borras bem refinadas. Se, através da idade e da enfermidade, ele não pode mais ouvir a voz de homens e mulheres que cantam, aquele que tem Cristo tem música em seu coração para sempre. Na velhice, Salomão nos diz que o gafanhoto é um fardo, mas essa criança não o é. Então o sol, e a luz, e a lua, e as estrelas se escurecem, mas esse menino dá luz a todos os que o veem. Então os guardas da casa tremem, mas são fortalecidos ao tomarem o Senhor nos braços; então os que olham pelas janelas tornam-se obscurecidos, mas reluzem quando olham para o Salvador. As portas estão fechadas nas ruas, mas nenhuma porta se fecha para o Senhor Jesus; a canto do pássaro desperta o que tem sono leve, mas nenhum som quebrará o repouso daqueles que descansam em Jesus. Com a idade, o desejo falece, mas não com o santo idoso, pois vê se cumprirem em Cristo Jesus todos os seus desejos; e embora os humanos vão para seu lar distante, aquele que tem o Santo Menino Jesus para ir com ele pode até mesmo desejar a jornada, dizendo: "Senhor, agora deixa teu servo partir em paz". Os enlutados podem percorrer as ruas da terra, mas quem viu em Cristo a salvação de Deus ascende a outras ruas, onde a tristeza e o suspiro se esvaem. Bendita três vezes seja a velhice que renova assim a sua juventude com Cristo Jesus.

III

Isso nos leva ao nosso último ponto, sobre o qual não temos tempo para mais do que algumas palavras. *Quando Cristo é elevado aos braços e visto, Cristo exerce um efeito maravilhoso.* Reparem no caso que nos é apresentado. Primeiro, a espera acabou. Simeão aguardava a consolação de Israel, mas agora podia dizer: "Senhor, que espero eu?". Nós também estávamos esperando, desejando e ansiando, mas quando encontramos nosso Senhor, não esperamos mais, mas cada um poderia então dizer: "Não quero nada, não desejo nada, não anseio por nada. 'Os meus olhos viram a tua salvação'". Agora, também, Simeão estava entusiasmado para louvar ao Senhor. Ele o tomou em seus braços e deu glórias a Deus. Ninguém pode dar glórias a Deus como aqueles que têm Cristo nos braços. Não sei se Simeão alguma vez foi poeta, mas começou a verter seu canto do cisne, o seu último, mais doce e talvez único hino. Cada frase é cheia de exultação e deleite. Simeão logo teve uma canção em sua boca assim que teve Cristo em seus braços. Então cantará a língua do mudo. As próprias pedras clamariam se alguém pudesse ver a salvação de Deus e mesmo assim ficasse em silêncio. Aqueles que nunca puderam falar seis palavras tornaram-se eloquentes quando Cristo Jesus foi o tema deles. Ele é o meu Deus, e eu o louvarei; Ele é o Deus de meu pai, e eu o exaltarei.

E agora que ele viu o Cristo do Senhor, observe o efeito sobre seus olhos; ele deseja não ver nada mais. Ouvi falar de alguns que olharam para o sol de forma imprudente até que não puderam ver mais nada; mas sei que aquele que olha para Cristo fica cego para todos os atrativos rivais. Se esses olhos viram uma vez a salvação de Deus, parece um sacrilégio pô-los em coisas que se baseiam no tempo e nos sentidos. Seja fechada a porta pela qual Jesus entrou; parece profano permitir que um único objeto pertencente a este mundo traidor entre em nossa mente pela porta dos olhos. Tendo comido o pão imaculado do céu, não queremos mais as cascas da terra: tendo tido um vislumbre do Deus encarnado, o que há mais para se ver?

Os olhos dele viram Cristo, e então? Ora, agora estava disposto a encarar a morte. Foi-lhe dito que não deveria ver a morte antes de ter visto o Cristo do Senhor, e agora está pronto para ver a sua hora derradeira e toda a tristeza que possa estar presente nessa partida. Ele diz: "Agora, Senhor, podes despedir em paz o teu servo"; ele não considera a partida como morte, mas como a passagem da região atual para um país mais glorioso. Se alguma vez você olhou para Cristo no rosto, o temível Rei perdeu o seu terror e, em vez de ser um rei, tornou-se seu servo. Podemos muito bem ansiar pelo tempo em que esta terra se findará e ficaremos em intimidade com o nosso amado. O provérbio diz: "Veja Nápoles e morra"[1], mas podemos melhorá-lo muito e dizer: "Veja Cristo e você nunca morrerá", mas estejam felizes em partir e estar com Ele.

Por último, aquela visão, naturalmente, fizera os olhos de Simeão ficarem preparados para contemplar a glória de Deus. Suponho que, se pudéssemos ser levados para o céu, se fôssemos homens e mulheres não renovados, não poderíamos ver a glória de Deus por falta de olhos espirituais. Devemos primeiro olhar para Cristo, e quando nossos olhos forem iluminados e fortalecidos pelos leves esplendores da divindade encarnada, eles estarão preparados para contemplar o próprio Rei que se assenta no trono. De qualquer forma, quando alguns de nós tiveram uma visão de Cristo, perguntamo-nos o que mais poderíamos ver no céu. Quando os Cantares de Salomão passam a ser a nossa conversa cotidiana, e o Amado nos fez sentir que a sua mão esquerda está debaixo de nossa cabeça, enquanto a sua mão direita nos abraça, não pensaríamos duas vezes em

---

[1] "See Napoli and Die" é uma expressão em inglês que se refere à cidade de Nápoles, na Itália. Essa expressão é usada para descrever a beleza e a intensidade da experiência de visitar Nápoles. Ela sugere que, depois de ter visto a cidade de Nápoles, não há nada mais espetacular a ser experimentado na vida. Nápoles é uma cidade tão especial e única que vale a pena visitar pelo menos uma vez na vida.

trocar a terra pelo céu, se no corpo, se fora do corpo, não sei, mas disso teríamos certeza, e poderíamos cantar: "O meu Amado é meu, e eu sou dele; ele apascenta o seu rebanho entre os lírios" (Cantares 2:16). Se a sua alma alguma vez chegar a tal lugar, e se o Senhor o ajudar a continuar lá, então morrer não será mais do que atravessar o limiar e ir da porta do palácio do Rei para o interior dos seus salões. Alguns cristãos habitam nos arredores da cidade celestial, e pequena será a sua mudança quando, em pouco tempo, eles entrarem nas ruas douradas centrais, onde o sol não mais se porá, tampouco dali se retirará o Senhor. O Senhor permita que vocês encontrem toda a sua salvação em Cristo, e que Ele os ensine muito mais do que meus pobres lábios gaguejantes podem dizer a vocês. Que Cristo Jesus, nosso Senhor, esteja cada dia mais próximo de nós. A Ele seja glória para todo o sempre. Amém!

3

O DIA DA SALVAÇÃO

Eis aqui agora o dia da salvação
2Coríntios 6:2

NINGUÉM pode mudar as características exteriores de um dia. Os reis da terra não podem ordenar para si mesmos dias ensolarados, tampouco infligir aos seus inimigos dias de tempestade. Cabe a um Superior a eles determinar a manhã e fazer com que a estrela do dia conheça seu lugar. Muito pouco podem fazer em relação à luz e ao sol, às nuvens e à chuva; não podem ajuntar as delícias das sete estrelas[1] ou soltar os atilhos do Órion[2] (Jó 38:31). Ainda assim, os príncipes,

---
[1] Em Astronomia, o nome "sete estrelas" refere-se ao aglomerado estelar conhecido como "As Plêiades" ou "Sete Irmãs", que é uma das constelações mais visíveis e reconhecíveis no céu noturno.
[2] Os "atilhos do Órion" são uma referência poética encontrada em Jó 38:31. Esta passagem faz parte de uma série de perguntas retóricas que Deus faz a Jó para demonstrar a grandiosidade de sua criação e o poder divino. "Atilhos do Órion" é uma metáfora poética usada por Deus para destacar sua soberania sobre a criação e sua capacidade de controlar as constelações celestes e os astros. O Órion é uma constelação notável no céu, conhecida por suas estrelas brilhantes e pela forma característica de um

os governadores e os reis realizaram muitos feitos na formação do caráter social dos dias de seus súditos. Às vezes, como o rei de Nínive, eles proclamaram dias de jejum, e seus súditos se vestiram de panos de saco; e em outras ocasiões eles exerceram a prerrogativa de ordenar dias de festa, como Assuero fez no Palácio de Susã quando, por cento e oitenta dias "para mostrar as riquezas da glória do seu reino e o esplendor da sua excelente grandeza" (Ester 1:4), enchendo a capital de festa. Os reis de antigamente eram mais capazes de intervir nos dias de seu povo do que são agora; em tempos antigos, quando as pessoas tinham menos inteligência e mais fé na fábula do direito divino do que têm agora, um déspota poderia causar uma escuridão espessa sobre toda a terra, até mesmo uma escuridão que poderia ser sentida. Eles conflagraram guerras de acordo com seu próprio capricho ou loucura, e o que é isso senão um obscurantismo moral? O que significa guerra senão crime, sofrimento, morte, pobreza? Não é geralmente a soma de todas as vilanias? Tudo o que é mau ou marcha com ela ou a segue em seu caminho. O mero pensamento de guerra para o nosso amado país escurece nosso céu. Infelizmente, com o coração leve, os déspotas puxaram a espada e procuraram avançar até a glória imaginária por meio da matança, fechando as portas da misericórdia para a humanidade, para que pudessem tomar uma província ou vingar-se de uma zombaria. Os reis também têm o poder de iluminar os dias das pessoas quando almejam a tranquilidade: eles promovem a paz e, em seguida, as nações aquecem-se ao sol, e a terra cobre de verduras seus campos de batalha. A paz dá ao mundo desvalido uma trégua para que costure suas feridas abertas e repare um pouco do mal da luta sangrenta.

 O trabalho árduo e a abnegação severa não são invejados pelos camponeses desafortunados, se eles podem apenas ter tempo para respirar, e a

---

  caçador. O termo "atilhos" sugere que Deus pode controlar ou amarrar essa constelação de acordo com sua vontade divina.

terra pode desfrutar de suas épocas de descanso; mas por que tal labor e sofrimento deveriam ter sido exigidos? Simplesmente porque os reis brigam e seus súditos devem morrer para acabar com a contenda. Por vezes, os príncipes também exerceram a sua prerrogativa proclamando dias de anistia e oblívio: uma longa rebelião foi esmagada e não houve receio de ela retornar, e então o monarca achou melhor abster-se de severidade indevida e ignorar o mal que subjugou; por conseguinte, proclama que o passado será apagado se por um certo tempo os rebeldes se renderem, renunciarem aos seus títulos e prometerem lealdade. Esses dias são calmos e sem problemas, e trazem luz aos rebeldes desesperados que não viam outro desfecho que não a árvore da forca. Assim, por humilhação ou regozijo, pela guerra, pela paz ou pelo perdão, os monarcas podem imprimir seu selo em um dia e estabelecê-lo com sua marca na história. Se os monarcas terrestres afetam de alguma forma os dias dos seres humanos, quanto mais pode fazer o Rei dos reis? O Criador do dia e da noite pode certamente comandar todas as nossas luzes e sombras. O Ancião de dias é aquele que pode dar-nos "manhãs sem nuvens" (2Samuel 23:4) ou escurecer o dia com trevas. Quantas vezes Ele fez raiar o sol da prosperidade para nos alegrar, e como de repente Ele nos envolveu sob as espessas nuvens da adversidade! Os nossos dias estão em suas mãos, e Ele é o Senhor de todos. Você e eu, ao olharmos para trás, podemos muito bem curvar-nos perante o poder e a majestade do Eterno, que tem um poder tão infinito sobre nós que nenhum de nós pode deter a sua mão nem lhe dizer: "Que fazes?".

O Senhor teve os seus dias de vingança; porventura não estão escritos no livro das guerras do Senhor? Quão terrível foi a hora em que Ele abriu as comportas do firmamento para que a chuva pudesse descer em torrentes e ordenou que as fontes das grandes profundezas subissem para encontrar as enxurradas descendentes. Quão terríveis foram os quarenta dias em que as inundações acima do firmamento, em tumultuado regozijo, saltaram para baixo e abraçaram seus irmãos do oceano, até que toda a terra fosse coberta por um dilúvio devorador, e monstros do mar tiveram filhotes e se estabeleceram em palácios de reis. Esse foi o tamanho da justiça e o dia da vingança do nosso Deus. Tais dias aconteceram em outras ocasiões, como, por exemplo, quando Ele derramou o inferno desde o céu sobre Sodoma e Gomorra; quando Ele derrubou faraó e todo o seu exército no meio do mar Vermelho; e quando sua espada não parou de sangrar até que os heveus e os ferezeus e todos os cananeus caíram diante da mão de Josué porque a iniquidade do povo tinha alcançado seu limite, e a hora da execução chegara. Esses foram os *Dias de ira*, e há outro mais terrível ainda por vir, quando o céu e a terra fugirão diante da face daquele que se assentará no grande trono branco. Bendito seja Deus, não estamos neste momento vivendo sob o cetro da vingança, mas o nosso texto diz-nos que "agora é o dia da salvação". Quando é um dia de vingança, o Senhor faz a sua obra misteriosa, mas necessária, de forma cabal; pois está escrito: "Minha é a vingança e a recompensa" (Deuteronômio 32:35). O profeta disse dele: "O Senhor toma vingança e é cheio de furor" (Naum 1:2). Bem cantou Miriã: "O Senhor é a minha força e o meu cântico; ele me foi por salvação; este é o meu Deus" (Êxodo 15:2); mas quando Ele põe as vestes de seda da misericórdia e proclama com trombeta de prata o dia da salvação: "Bem-aventurado o povo que conhece o som festivo" (Salmos 89:15). Creio que estamos dentre esse feliz grupo e que temos ouvido com o coração o tinido da graça. De qualquer forma, o Senhor estabeleceu um período de salvação, desde o sacrifício de nosso Senhor Jesus até a presente hora. O dia da salvação não foi prorrogado, ele permanece, e durará até que o Senhor desça do céu com um clamor: então virá o juízo, e a rígida justiça assentar-se-á sobre o trono.

O apóstolo, quando escrevia essa maravilhosa frase, temia que as pessoas não se valessem da sua grande verdade. Leia o primeiro versículo do capítulo: "E nós, cooperando também com ele, vos exortamos a que não recebais a graça de Deus em vão" (2Coríntios 6:1). O dia da salvação é um grande favor de Deus, e seria uma coisa terrível se vivêssemos nele e perdêssemos sua prerrogativa. Caros ouvintes, é somente por meio do favor divino que desfrutamos deste dia de anistia, esquecimento e perdão; e, por isso, rogamos-lhes que não deixem passar em vão as suas preciosas horas. Este é o grande anelo do meu coração neste momento em dirigir-me a vocês; tenho grande medo de que alguns de vocês estejam vivos no dia da salvação e ainda morram sem serem salvos, vivam em meio à luz com os olhos cegos, habitem na luz com ouvidos surdos, onde a trombeta de prata soa e assim o reino de Deus se aproxime muito de vocês e mesmo assim vocês não entrem nele. Será realmente triste se virem estrangeiros de longe trazidos para o reino dos céus, e vocês, que vivem nas suas fronteiras, forem totalmente expulsos. Que o Espírito Santo abençoe as palavras que agora serão ditas, para que o mal que tememos não os sobrevenha, mas que recebam esta graça ou favor de Deus para o bem eterno de vocês.

Para que não recebam esta graça em vão, tentarei, em primeiro lugar, mostrar a grande razão para este dia de salvação; em segundo lugar, falarei do próprio dia glorioso; e em terceiro lugar, por um minuto ou dois, deter-me-ei na sombra escura que pode obstruir aquele dia, se o Espírito não nos conduzir à salvação.

I

Primeiro, então, *a grande razão para este dia* — "agora é o dia da salvação". Vocês poderiam ler o contexto para entender por que há um dia de salvação vigente. Vou tirá-los um pouco do texto para o versículo 20 do capítulo anterior, e pedir-lhes para ter em mente que a divisão em capítulos é puramente arbitrária, e não precisamos dar atenção a isso. O apóstolo diz: "De sorte que somos embaixadores da parte de Cristo, como se Deus por nós rogasse. Rogamos-vos, pois, da parte de Cristo que vos reconcilieis com Deus. Àquele que não conheceu pecado, o fez pecado por nós; para que, nele, fôssemos feitos justiça de Deus" (2Coríntios 5:20,21). Eis, pois, o segredo de toda a questão. Este dia é o dia da salvação, porque "Ele o fez pecado por nós; para que, nele, fôssemos feitos justiça de Deus". Não poderia ter havido dia de salvação se um Salvador não tivesse surgido, e se esse Salvador não tivesse se tornado nosso substituto e garantidor, a salvação nos teria sido negada pela reata voz da justiça. Agora, porém, Cristo veio ao mundo e morreu pelo pecado, e porque Ele levou a cabo todas as obras que empreendeu, o Senhor nosso Deus proclama para nós o dia da salvação.

Observem que, de acordo com o contexto, este é o dia da salvação, porque agora podemos nos reconciliar com Deus. "Rogamos-vos, pois, da parte de Cristo que vos reconcilieis com Deus." O Senhor não designaria seus ministros para orar pelos seres humanos para que se reconciliassem com Ele se a paz estivesse fora de questão. Ele não nos enviaria uma missão impossível. Deus já está reconciliado com todo pecador que tem interesse no sangue de Jesus. Para com estes, o Senhor está cheio de paz. Nada é desejado agora para reconciliar o ser humano que crê com Deus. A grande coisa que é necessária é levar as pessoas a crerem em Jesus Cristo, para que possam reconciliar-se com Deus. A disputa entre você e Deus, pobre filho pródigo, não tem de continuar. Você brigou com seu Pai, e você foi para o país distante; e agora você gastou seus recursos, mas seu Pai lhe envia esta mensagem: "Reconcilie-se. Volte para casa. Uma recepção amorosa espera por você; volte imediatamente". Porque Jesus morreu, o muro que dividia está derrubado; o grande abismo entre um Deus santo e um ser humano profano é superado pelo sangue expiatório. Vocês podem se reconciliar; não há razão para que a terrível discussão continue e, portanto, porque a reconciliação é possível, é um dia de salvação. Enquanto o ser humano permanecer inimigo de Deus, não poderá, evidentemente, ser salvo, pois a inimizade a Deus é a própria essência de sua ruína e o aguilhão de sua condenação. Enquanto alguém vive em inimizade com Deus, ele está, e deve estar, sob o poder de um espírito maligno que o amaldiçoa; e, portanto, a reconciliação com Deus é absolutamente necessária para o gozo da salvação. Repito que, porque a reconciliação é possível, é chegado o dia da salvação.

Em seguida, para que ninguém diga: "Mas como é e por que é que tão grande benefício é concedido? Não posso compreendê-lo e, portanto, estou mergulhado em dúvida" — a declaração simples do versículo 21 explica tudo: "Àquele que não conheceu pecado, o fez pecado por nós". Aqui está a grande doutrina da substituição. Oh, alma, se você crê em Cristo Jesus será salva porque Ele tomou o seu lugar, Ele tomou o seu pecado, e o Senhor o fez pecado por sua causa, e, como resultado, recebeu a expiação pela iniquidade da alma. Ele o feriu e o fez sofrer, de modo que Ele foi feito maldição por nós e levou em nosso lugar a ira do céu. Agora, portanto, o Deus justo não precisa, não vai e não pode satisfazer sua lei uma segunda vez. Se Ele fez com que o Senhor Jesus se tornasse pecado por nós, então Ele não precisa nos visitar por causa do pecado nem nos punir a mesma transgressão uma segunda vez. Não, seria uma injustiça colocar o pecado uma vez sobre o substituto e depois sobre o pecador; portanto, é justo que haja um dia de salvação proclamado, uma vez que Cristo deu fim à transgressão e aniquilou o pecado.

Para nos ajudar a compreender ainda melhor o grande expediente da misericórdia, o Espírito Santo diz-nos que o desígnio divino em Cristo Jesus é fazer de nós a "justiça de Deus" em Cristo. Que expressão maravilhosa! Não tentarei entrar em sua plenitude, mas contentar-me-ei em dizer que as duas expressões do versículo estabelecem a imputação do pecado a Cristo, uma justiça para nós, a substituição de Cristo em nosso lugar e a posição de nossa alma no lugar de Cristo, em termos tão fortes que devemos estar determinados a não crer na doutrina que não se vê nas palavras diante de nós. Nosso Senhor não é meramente transformado em uma oferta pelo pecado, mas Ele é feito pecado, e nós não somos meramente tornados justos em Cristo, mas somos tornados em justiça, sim, e a justiça de Deus, também, que é a mais alta justiça concebível.

Nunca pretendo forçar as expressões, tampouco empurrá-las um centímetro para além do seu próprio significado, mas penso que é difícil fazê-lo aqui, uma vez que a linguagem é tão forte e explícita. Se a doutrina que expliquei se destinava a ser ensinada, não vejo como poderia ser mais claramente enunciada. Agora, alma, se deseja a salvação, veja como Deus a pode dar. Assim como Ele toma o seu pecado e o coloca sobre Cristo, Ele toma a justiça de Cristo e a coloca sobre você. Ele o olha como se você fosse tão justo como o seu Filho que o representa. Trata você como se você tivesse sido obediente a toda a sua lei; olha para o homem modelo, Cristo Jesus, a humanidade perfeita, e vê em Cristo todo o seu povo, e trata-o em conformidade. Ele olha para o seu povo como se eles próprios tivessem engrandecido a lei e tornando-a honrada por uma vida sem pecado. Doutrina maravilhosa é esta, mas aquele que crê nela encontrará descanso para sua alma; e é por isso que estamos autorizados a vir diante de vocês hoje e declarar o dia da salvação. A culpa do pecador que crê é posta de lado, pois Cristo a carregou; e agora a justiça pertence ao pecador, pois Deus a imputa a ele sem obras: portanto, este é o dia da salvação.

Ainda mantendo o contexto, e ilustrando de outra forma a grande razão para o dia da salvação, peço que vocês poderiam ler o próprio versículo que contém nosso texto. "Porque diz: Ouvi-te em tempo aceitável e socorri-te no dia da salvação; eis aqui agora o tempo aceitável, eis aqui agora o dia da salvação." (2Coríntios 6:2). É uma citação. Paulo diz, "porque diz". Onde é que Deus diz isso? Não temos dificuldade em descobrir: é no dia referido no capítulo 49 de Isaías, passagem esta que deve ser lida com atenção por vocês e considerada atentamente. Desejo chamar a atenção de vocês especialmente para isso, abrindo a razão gloriosa para o conhecido anúncio que estamos pregando. Esse capítulo, do sexto ao décimo segundo versículo 6 ao 12, aplica-se eminentemente ao Messias, isto é, a nosso Senhor Jesus Cristo. De quem mais poderia o profeta ter falado como diz no versículo 7: "Assim diz o Senhor, o Redentor de

Israel, o seu Santo, à alma desprezada, ao que as nações abominam, ao servo dos que dominam" (Isaías 49:7)? Quem é este senão nosso Senhor, que estava diante de Herodes e Pilatos? Até hoje Ele é abominável aos judeus: eles o mencionam normalmente pelo nome de o Crucificado, e para eles esse termo é a personificação do maior escárnio. Nós nos gloriamos nessa palavra, mas para eles é a essência do desprezo. "Era desprezado e o mais indigno entre os homens, homem de dores" (Isaías 53:3). Temos certeza de que Isaías falou a respeito dele, o Crucificado, a quem adoramos, e nossa próxima pergunta é: o que ele disse acerca dele? Leia os quinto e sexto versículos 5 e 6: "E, agora, diz o Senhor, que me formou desde o ventre para seu servo, que eu lhe torne a trazer Jacó; mas Israel não se deixou ajuntar; contudo, aos olhos do Senhor, serei glorificado, e o meu Deus será a minha força. Disse mais: Pouco é que sejas o meu servo, para restaurares as tribos de Jacó e tornares a trazer os guardados de Israel; também te dei para luz dos gentios, para seres a minha salvação até à extremidade da terra" (Isaías 49:5,6). Amados, vocês não se alegram em ouvir estas palavras? Se vocês não estão curiosos para me ouvir, mas ansiosos para ouvir a verdade de meu Mestre, seu coração se alegrará com esta bendita novidade, que agora Cristo veio a ser a salvação dos gentios. Estávamos no frio, éramos o ramo mais jovem da família, e o herdeiro nos desprezava, ainda não havíamos chegado à nossa porção, fomos deixados na escuridão e no pecado; mas agora chegou a nossa vez, e somos abençoados. Desde o dia em que Jesus disse: "Ide por todo o mundo, pregai o evangelho a toda criatura" (Marcos 15:16) começaram os nossos privilégios. Desde o dia em que Paulo disse: "Visto que a rejeitais, e vos não julgais dignos da vida eterna, eis que nos voltamos para os gentios" (Atos 13:46), o nosso dia tem sido de dádivas, e a porção que pertenceu apenas à semente de Abraão nós obtivemos, mas agora a obtemos em uma extensão muito maior, e vemos mais claramente seu profundo significado espiritual e riqueza de bênçãos. O que estava velado sob tipos e sombras está evidentemente exposto diante de nossos olhos.

Amados, digam hoje em todo o mundo que a salvação chegou aos gentios, e especialmente aos habitantes das ilhas. Como é notável que as ilhas sejam tantas vezes mencionadas nas Escrituras e que recebam o evangelho muito mais facilmente do que qualquer outra parte do mundo. Quanto aos confins da terra, certamente estamos destinados por esse termo, pois nossos antepassados habitaram onde os fenícios fizeram uma jornada distante e perigosa para encontrar estanho e outros metais, e nossa terra foi pensada para estar à margem da criação, habitada por um povo bárbaro de língua rude; e ainda para nós, mesmo para nós, veio o evangelho, e agora —

> As ilhas britânicas são do nosso Senhor,
> aqui o Deus de Abraão é conhecido;
> qualquer espada ou escudo, príncipe ou imperador
> diante de seu trono encontra-se estarrecido.

O Senhor, o Deus de toda a Terra, é o nosso Deus neste dia; neste dia exultemos, pois é a prova de que chegou aos gentios o dia da salvação.

Além disso, ele continua dizendo no versículo oito: "Assim diz o Senhor: No tempo favorável, te ouvi" (Isaías 49:8). Tenha isso claro em sua mente: Deus nos salva porque Ele ouviu o Senhor Jesus. Eis o segredo de todas as respostas da graça às orações dos penitentes. Ele diz: "Ouvi-te em tempo aceitável [...] eis aqui agora o dia da salvação (2Coríntios 6:2). Nas solitárias vigílias da noite, nosso grande Intercessor orou pelos seus. Ele viveu uma vida de súplica, e não orou em vão, pois uma vez disse ao Pai: "Eu bem sei que sempre me ouves" (João 11:42), e de fato sempre foi assim. Pode-se dizer que suas orações atingiram seu ápice quando Ele ofereceu a maravilhosa intercessão registrada em João 17, e deu continuidade a ela por seu forte pranto e lágrimas no jardim quando Ele derramou sua alma em agonia, enquanto prostrado entre as oliveiras, Ele suava grandes gotas de sangue que caiam ao chão. Inescrutável era aquele suor sangrento! Ó preciosas gotas, não caíram em vão; o que escreveram no solo do Getsêmani em hieróglifos carmesins? Escreveram sobre o solo a reversão da maldição que caiu sobre a terra, e o fim do dia da ira no dia da salvação. Aquele suor sagrado cobriu um jardim que, doravante, produz o óleo da alegria, com o qual os cristãos podem ungir suas faces com júbilo. Jesus foi ouvido no que temia, e de agora em diante, para o maior dos pecadores, este é um evangelho do bom ânimo. "No tempo favorável, te ouvi" (Isaías 49:8). Não é maravilhoso que Jesus, no jardim, tenha intercedido pelos transgressores que ainda não tinham aprendido a orar por si mesmos?

Confio que entre aqueles que me ouvem há pessoas ainda não convertidas que, no entanto, são objetos especiais da intercessão do Redentor, e que encontrarão a salvação porque seu grande Substituto foi ouvido por causa deles. Todos nós fomos ouvidos quando o nosso grande Sumo Sacerdote foi ouvido; a resposta do Pai a Ele foi uma resposta de paz para todo o seu povo.

Acrescenta-se: "No dia da salvação, te ajudei" (Isaías 49:8). A ajuda veio ao homem, Cristo Jesus, em sua hora de agonia; o Pai socorreu-o, e apareceu-lhe um anjo para fortalecê-lo. Como deve aquele anjo ter ficado admirado ao ver o rosto do Deus encarnado vermelho do suor de sangue. Toda cena está além da concepção, é notável e única: o Salvador prostrado em dores agonizantes pronuncia fortes gritos e é ajudado por seu Deus.

> A sua fervorosa oração, os seus gemidos mortais,
> Foram ouvidos diante de tronos angelicais;
> O céu se envolve de espanto
> "Vai, fortalece a Cristo!" o Pai assentiu
> O temeroso serafim prostrado consentiu,
> Assim partiu dos céus, portanto.

O anjo veio para fortalecer o nosso vencedor, não para se juntar à luta. Ninguém poderia compartilhar o conflito; Jesus deve pisar o lagar sozinho; mas o anjo foi capacitado para comunicar força à humanidade de Cristo, e ele o fez. Foi então que, sendo socorrido em sua hora de necessidade, nosso Mestre tomou o cálice designado tão cheio de aflição, e bebeu até a última gota, e disse: "Está consumado!" (João 19:30). Foi então que, com um gole terrível, Ele brindou a justiça de Deus e concedeu aos filhos dos homens o dia da salvação.

Vejam, então, que nosso presente dia de privilégio chegou até nós através do nosso Senhor, ao ter Ele ouvido e socorrido nosso Mediador e Redentor; mas, amados, a salvação vem até nós também porque, de acordo com o versículo 8, está escrito: "E te guardarei, e te darei por concerto do povo, para restaurares a terra" (Isaías 49:8). Jesus é agora a aliança de Deus com muitos e essa aliança é de paz e favor. O Senhor diz a cada um que crê: "Não me lembrarei mais do teu pecado. Dar-te-ei também um coração novo, e um espírito justo porei dentro de ti. Tu serás meu. Eu te santificarei e te glorificarei com meu Filho. Eis que, em sinal de minha fidelidade, dei ao meu Filho o selo, a garantia e a soma de minha aliança. Eis que o dei como aliança para o povo, como líder e comandante do povo." Irmãos, vocês não estão sob a aliança de Moisés hoje, estão sob a aliança de Jesus; não estão sob a lei, mas sob a graça, e por isso hoje é o dia da salvação.

Não posso, neste momento, estender-me aos outros venturosos versículos que contemplam o capítulo 49 de Isaías; mas deixe-me dizer que é porque Cristo está agora ungido para dar liberdade a todos os cativos, e dizer-lhes: "Saiam"; e é porque Ele tira os obscurecidos da sombra da morte e diz: "Apareçam", que, portanto, este é um dia de salvação. E, além disso, quando somos libertos da escravidão e das trevas, porque Cristo é pastor, e conduz o seu rebanho, alimenta-os ao longo do caminho, encontra pasto para elas em lugares altos, protege-os da fome e da sede e lhes dá fontes de água para beber — é por causa de tudo isso que agora é o dia da salvação.

Não vou me delongar, mas apenas dizer que se eu agora pregar o dia da salvação, como vou tentar fazer, com a máxima ousadia e plenitude, se algum de vocês perguntar: "Como isso se dá? Como isso acontece? Por que a graça é assim tão livre hoje?", devo dizer-lhes que a causa é tão maravilhosa como o fato, que o caminho da salvação é tão surpreendente como a própria salvação, e que Jesus Cristo, o Filho de Deus, que fez e está fazendo tudo, é o mais maravilhoso de todos. Nos olhos de Cristo vejo as estrelas que podem brilhar na meia-noite do desespero; em suas mãos vejo o poder majestoso que pode quebrar os grilhões da escravidão satânica; e em seu rosto vejo o santo direcionamento que trará a multidão santa dos seus escolhidos seguros para seu lar em fileiras incólumes, para a terra dos olhos sem lágrimas.

II

Agora, por favor, deixem Isaías e voltem-se novamente para o texto. Sob o segundo ponto, temos de falar *sobre o próprio dia glorioso*, pois o dia da salvação é rico em bênçãos.

Em primeiro lugar, enalteço esse dia por ser quatro vezes excelente. Leia novamente o versículo em que se encontra o nosso texto. Embora as palavras devam ser consideradas como ditas, em primeiro lugar, ao nosso Senhor, os melhores expositores bíblicos dizem que também são dirigidas à sua igreja nele. A palavra veio a Ele como o chefe e representante de seu povo, e assim para o seu Escolhido como sendo um com Ele. Então, amados, neste dia de salvação, nossa oração será ouvida: "Ouvi-te em tempo aceitável". Prezado ouvinte, se você orar sinceramente em nome de Jesus, você será ouvido. Você é grandemente culpado? Peça misericórdia e você será ouvido. "Ouvi-te em tempo aceitável." Você condenou a si mesmo? Você escreveu a sua própria sentença de morte? Você está curvado com um sentimento de culpa? Ore, ore e ore novamente! Oh, irmão, ore, é o que lhe peço. Se você estiver entre as mandíbulas do inferno, ore mesmo assim, pois agora é o dia da salvação, e é um dia em que aquele que pede recebe, aquele que procura encontra, e àquele que bate se lhe abrirá a porta.

Em segundo lugar, é-nos dito ainda que nesse dia socorro nos será dado. O que diz? "Socorri-te no dia da salvação". Você se encontra desamparado e desesperançoso? Esse é um dia em que Deus virá em seu socorro. Você precisa de força para quebrar as correntes do mau hábito? Você precisa de poder até mesmo para se arrepender? Você precisa de ajuda para entender o seu desamparo? Você precisa de tudo? Ele diz "Socorri-te no dia da salvação". Ele irá ajudá-lo; apenas peça a Ele, apenas confie nele. Quando houve uma grande dificuldade de negócios no distrito de Manchester durante a Guerra Civil norte-americana, e muitos estavam desempregados e famintos, ocorreram muitos casos em que pessoas foram encontradas perto das portas da morte, "a espera do fim", como se dizia, ou morrendo de fome. Quando foram gentilmente abordados e perguntados por que não solicitaram assistência, responderam que não conseguiam nem mesmo pedir. A autossuficiência dos britânicos, como a chamamos, e um espírito muito nobre que está dentro de limites adequados, era forte dentro deles, e muitos disseram: "Não consegui deixar meu orgulho de lado e pedir". Admiro esse espírito nas pessoas, mas não o admiro quando concerne a questões da alma e que se interpõe entre um pobre e indigno pecador e o grande e sempre glorioso Deus. Não se ensoberbeçam e digam: "Não consigo deixar meu orgulho de lado e pedir", pois eis que a sua oração será respondida agora e qualquer ajuda que precisarem será dada liberalmente. Esse fato não nos mostra que vivemos no dia da salvação?

E então é acrescentado: "Eis aqui agora o tempo aceitável", de modo que a terceira bênção é que os pecadores que se aproximam sejam aceitos. Se você vier a Deus, Ele não o rejeitará, seja você quem for. Por mais pobre que seja o seu arrependimento e fraca a sua fé, é um tempo de graça e o Senhor aceitará livremente os seus sinceros desejos por amor do seu Filho. Essa verdade não o encoraja a vir? A porta da misericórdia está aberta e ninguém pode fechá-la. O Senhor Jesus nunca rejeitou qualquer pecador que se achega e nunca o rejeitará, pois está escrito: "O que vem a mim de maneira nenhuma o lançarei fora" (João 6:37). É um tempo de aceitação, não de rejeição: venha e participe da bênção.

Eia então a quarta excelência: é um tempo de salvação, do qual falaremos mais detalhadamente. Vocês precisam de salvação; alegrem-se, pois, por ser o dia da salvação. Tudo o que pode ser necessário para garantir a salvação de um pecador foi totalmente preparado por Cristo e agora é livremente apresentado na pregação da Palavra a toda alma que está disposta a recebê-la. Jesus nasceu para salvar, morreu para salvar e vive para salvar.

Agora, permitam-me que eu pontue que esta deve ser uma notícia particularmente agradável para aqueles que estão fortemente carregados com culpa. Houve um dia quando, se eu tivesse ouvido palavras como as que tento dizer, penso que teria me lançado a elas imediatamente, como faz um cão faminto com um osso. Pecadores, este é o dia da salvação, não um dia da justiça. Venham e confessem seu pecado: vocês não serão acusados, condenados e punidos, mas perdoados liberalmente. É um dia em que vocês podem ter remorso por pensar no seu pecado, mas não precisam se desesperar, tampouco ceder a um pensamento incrédulo sequer, pois isso seria inadequado para o momento, este é um dia de boas novas. A partir de agora, até o dia em que vocês se desvencilharem deste estado mortal, será um longo e abençoado dia de graça. Houve uma semana de criação, e o Senhor Deus realizou grandes maravilhas de criação em demonstração de poder e não estendeu sua mão esquerda para destruir; então, agora, há um dia de salvação, e ao redor anjos de amor pairam, cantando ainda: "Glória a Deus nas alturas, paz na terra, boa vontade para com os homens!" (Lucas 2:14). Deus salva todos os que vêm a Ele por intermédio de Jesus Cristo. Tudo proclama a salvação; o ar está cheio de vozes suaves; de fato, a própria existência de vocês, continuada pela longanimidade, é uma mensagem de graça. O fato de vocês estarem agora em uma casa de oração esta manhã mostra que vocês têm os olhos fitos na salvação. A atenção que me conferem agora me dá esperança de que assim seja. Como não seria isso agora realizado por meio de nosso crer em Jesus? A fonte para lavar sua culpa está cheia; "a melhor roupa" (Lucas 15:22) para vesti-los está preparada; o anel do amor eterno está pronto para ser colocado em seu dedo, e os sapatos da alegria e da paz estão esperando por vocês. Oh, pobre alma, hoje não tenho nada para pregar senão salvação; salvação através do sangue de Jesus Cristo. "Ide por todo o mundo, pregai o evangelho a toda criatura" (Marcos 16:15), disse nosso Senhor Jesus, e esse evangelho é salvação, salvação gratuita para os filhos dos homens.

A verdade do nosso texto também deve ser muito encorajadora para aqueles que lutam contra o pecado interior. Conheço alguns que podem confiar em Cristo para o perdão, mas sua principal dificuldade é como eles podem ser santificados. Regozijo-me muito com aqueles que buscam, em quem a santidade é o pensamento principal; não tanto para escapar da punição, mas para evitar o pecado futuro. Bem, se você quer lutar contra o mal em nome de Jesus Cristo, não desanime, você vai dominá-lo, porque é o dia da salvação, e está escrito: "E lhe porás o nome de Jesus, porque ele salvará o seu povo dos seus pecados" (Mateus 1:21).

Estou falando agora a um bêbado? O cálice inebriante tem um fascínio estranho para você, e você voltou a beber, depois de muitas vezes ter odiado a si mesmo por isso? Você não precisa mais ser escravo da bebida, pois este é um dia de salvação desse pecado: pela fé em Cristo, você será liberto dessa armadilha mortal. Ou você foi tentado a alguma outra iniquidade sórdida que o deixa encantado? Um certo vício fixa seus olhos de serpente a qual o encanta até que você não possa mais se conter? Alegre-se, pois, porque este é o dia da salvação do pecado. Nem santo nem pecador precisam sentar-se sob o poder de qualquer pecado, pois em nome de Cristo Jesus podemos vencer o poder do mal. Não se desculpem por falar de fraquezas, pois vocês devem afastar todo o pecado; devem vencer a tentação, pois se algum pecado os vencer totalmente, estarão perdidos para sempre, uma vez que é apenas para "aquele que vence" (Apocalipse 3:21) que a coroa é dada. Como, então, você pode vencer? Ora, somente pelo poder de Cristo, que nos convida hoje a nos apoderarmos da salvação do pecado. Venham a Ele e confiem nele, e Ele destruirá as obras do Diabo dentro de vocês.

    Embora isso seja muito encorajador para os penitentes e para aqueles que estão lutando contra o pecado, deveria ser igualmente encorajador para os cristãos mais experientes. Amados, vocês estão em sérios apuros agora? Seu espírito está sobrecarregado dentro de vocês? Tenham bom ânimo, pois este é o dia da salvação. Não é um tempo para os santos morrerem; não é um dia em que o inimigo triunfará sobre os que creem; é para nós o dia da salvação. Alegrem-se, pois, ó vocês que são atacados pelo inimigo. Embora o seu inimigo possa colocar o pé sobre o seu pescoço, ele não pode esmagar a sua vida, mas você pode corajosamente gritar: "Não se regozije sobre mim, ó meu inimigo: quando eu cair, eu me levantarei novamente", esse é o dia em que os cristãos devem ser salvos. Não pensou assim o personagem Cristão, em "O Peregrino", desde o dia em que deixou a Cidade da Destruição até o momento em que atravessou o rio e disse: "Sinto o fundo, e é bom"? Ele teve dias de conflito, dias de cansaço e dias de profunda angústia mental, mas o tempo todo ele foi salvo, salvo dos leões e salvo do Gigante Desespero, salvo da armadilha do bajulador e salvo do último rio com suas congelantes inundações. Vivemos também o dia da salvação. "Ah", disse um bispo católico uma vez a um dos nossos mártires: "Você é um herege e será condenado". "Meu senhor", disse o homem heroico, "nisso terei de discordar; posso ser queimado, mas nunca serei condenado". "Por que isso?", disse o seu adversário. O homem respondeu citando essa passagem: "Portanto, agora, nenhuma condenação há para os que estão em Cristo Jesus, que não andam segundo a carne, mas segundo o espírito" (Romanos 8:1). Quem condenará aqueles por quem Cristo morreu? É o dia da salvação, não da acusação. É o dia da vitória, não da derrota, nem do cativeiro, muito menos um dia de destruição para o verdadeiro povo de Deus. Vamos, então, como é apropriado, flamular as bandeiras da alegria, e com música alegre embelezar nossa alma de modo adequado para continuar o banquete da salvação.

E não acham vocês que esta verdade deveria encorajar todos os que estão trabalhando a ganhar almas para Jesus? Irmãos, se eu tivesse que decidir sobre o que fazer dos dias que me restam, eu gostaria de ir e pregar o evangelho no dia da salvação; vocês não? Alguém pode gostar de descer o rio com a maré, e se você puder ter um vento bom também, será uma grande viagem: mas certamente, agora, sempre que você procurar por almas, você terá vento e maré a seu favor, pois é o dia da salvação. Deus está salvando os seres humanos, é sua obra diária, e sua glória suprema, e Ele colocou seu coração nela; assim como eu observei que Assuero ordenou um período de festa e banqueteou o povo, e não há dúvida de que eles festejaram a um nível de realeza, então quando o infinito SENHOR proclamar um dia de salvação, o povo será salvo, e não haverá dúvida alguma sobre isso. Milhares e milhares de errantes se arrependerão e crerão, e assim serão salvos para a glória de sua graça.

Não me diga que Londres é muito perversa, porventura eu não o sei? Mas o Senhor tem muita gente nesta cidade, e os redimirá de toda a iniquidade. A nossa população rural pode também estar em muitos lugares perecendo na escuridão profunda, mas "O Senhor conhece os que são seus" (2Timóteo 2:19): Ele tem preciosidades nas casas de campo distantes e fará com que sejam seus. Seus escolhidos estão escondidos nas minas escuras da iniquidade, mas Ele descobrirá seu ouro e o purificará. Seu propósito eterno não falhará, e sua infinita piedade não será interrompida. Glória ao seu bendito nome, Ele cumprirá todos os seus propósitos, pois este é um dia de salvação, e seu povo será chamado a Ele por alguns meios, por qualquer meio, por todos os meios. Serão tirados da cova horrível, e do barro do lodo; e saberão que o Senhor salva não por força, nem por poder, mas pelo seu Espírito (Zacarias 4:6).

Penso que já elaborei suficientemente este ponto. "Eis aqui agora o dia da salvação."

Pergunto-me se alguém não está me entendendo direito. Caros amigos, saibam que este ano de 1878 é comumente chamado de "Ano da graça".[3] Temos toda a razão, pois é assim. Dizemos *Anno Domini*, "o ano de nosso Senhor", e assim é; é o ano de Jesus Cristo. A qualquer momento, entre o primeiro dia de janeiro e o último dia de dezembro, em que o procurarem, Ele será achado por vocês. Que tal se vocês tentassem fazer isso agora? Não pode haver uma hora melhor. Aqui, onde muitos encontraram o Senhor, consagrem o assento em que estão. Querido irmão, que o Espírito Santo o ajude a fazê-lo, dizendo agora: "Eu me reconcilio contigo, meu Deus, pelo grande Mediador: aceito esta salvação que me apresentaste liberalmente". Peço-lhe que o faça.

III

A alguns de vocês falei estes muitos anos, chegando agora ao vigésimo quinto ano, e falarei eu em vão agora? A nossa última palavra neste sermão é algo sobre *uma nuvem escura que pode escurecer o fim deste dia de salvação*. Rogo para que isso não ocorra, mas o temo. O meu medo é que vocês não recebam em vão este grande favor, e que estejam vivos neste dia de salvação e, no entanto, fiquem na perdição. Isso será para mim uma calamidade, pois perderei meu trabalho; e mais, as lágrimas das mães serão todas em vão, as orações dos pais todas perdidas, e as instruções fervorosas

---

[3] Qualquer ano desde o ano 1 até os atuais é muitas vezes chamado formalmente de "Ano da graça de Nosso Senhor Jesus Cristo" (em latim *Anno Domini Nostri Iesu Christi*). Começou-se a usar essa nomenclatura no século 13 na Europa Ocidental cristã. (N.R.)

dos professores da escola dominical todas lançadas fora, e os chamados frequentes de outros ministros do evangelho, tudo dito inutilmente. Que não seja assim, pois isso não é proveitoso tanto para vocês como para nós. Você terá perdido todos aqueles domingos, todas aquelas leituras bíblicas, todas aquelas ferroadas da consciência. Sei que alguns de vocês são ouvintes muito atentos e, no entanto, não encontraram graça neste dia de salvação. A salvação está à sua volta, mas vocês não a têm. Vocês desperdiçaram oportunidades de ouro. Ah, chegará um dia em que vocês desejarão outro domingo, mas lhes será negado; seu último sermão terá sido ouvido e seu último aviso terá sido recebido. Não percam, rogo-lhes, os privilégios de que gozam os que nasceram em uma terra cristã, que têm uma Bíblia aberta, e podem ouvir um ministério sincero. Não deixem que aqueles que nunca gozaram de tais privilégios tenham no mundo eterno o que um dia foi a vida de vocês. Não deixem que Sodoma, Gomorra, Tiro e Sidom digam que terão menos rigor no inferno do que vocês. O Senhor Jesus assegura-nos que assim será se forem ouvintes do evangelho e viverem no dia da salvação e mesmo assim vilipendiarem esta graça. O texto diz que é um dia; e um dia termina. Estas não são minhas palavras, mas as palavras das Escrituras. "Hoje, dizendo por Davi, muito tempo depois, como está dito: Hoje, se ouvirdes a sua voz" (Hebreus 4:7). Vocês não veem que o dia da salvação, embora tenha durado mil e oitocentos anos e mais, ainda é um dia, e certamente terminará? A oportunidade da misericórdia não dura para sempre, que ninguém os engane quanto a isso. A esperança da graça terminará com o dia da graça; não deixem que os ministros de fala suave do Diabo, que sobem aos púlpitos de Cristo hoje em dia, iludam vocês quanto a qualquer esperança vã de que outro dia da graça virá. Não tenho uma mensagem tão lisonjeira para falar-lhes, mas falo como este Livro ensina. Se deixarem passar este dia da salvação, e se passarem para outro mundo sem salvação, vocês estarão perdidos para sempre. Não há nada mais que eu saiba, mas sei que esta Bíblia assim o declara. "E irão estes para o tormento eterno, mas os justos, para a vida eterna" (Mateus 25:46). Não se entreguem a sonhos vãos. Se o Senhor fala de um dia, tenha certeza de que ele limitou o dia; e se Ele declara que este é o dia da salvação, vocês não estão autorizados a esperar que outro período dessa natureza chegue. "Se aquele que desprezou a lei de Moisés morreu sem misericórdia sob duas ou três testemunhas" (ouça atentamente): "de quanto castigo mais doloroso, suponhamos que seja considerado digno aquele que pisou sob os pés o Filho de Deus." Oh, entreguem-se ao Senhor Jesus, aceitem sua salvação e confiem nele imediatamente. Rogo-lhes, como representante de Cristo, que vocês se reconciliem com Deus. Amém.

4

O SALVADOR QUE VOCÊ PRECISA

*E, sendo ele consumado, veio a ser a causa de eterna
salvação para todos os que lhe obedecem.*
HEBREUS 5:9

A GRANDE loucura dos pecadores que foram despertos reside em olhar para si mesmos. Quando estão convencidos de que estão perdidos, quando a lei os condena, quando têm a sentença de morte ressoando com o seu doloroso toque em suas consciências, recorrem, no entanto, a si próprios em busca de ajuda. Também poderiam procurar vida dentro das abóbodas da morte, ou cavar para achar luz nas catacumbas sombrias das trevas exteriores. Primeiro, eles tentam o que a mudança exterior pode fazer, e ficam maravilhados quando descobrem sua própria impotência; depois voltam os olhos para seus sentimentos, e ou esforçam-se depois de lágrimas e torturas mentais até se tornarem presunçosamente desprezíveis, ou então cedem à desesperança, porque acham que seu coração é uma pedra intransigente. Eles frequentemente correm para cerimoniais, e se esforçam muito no formalismo, mas não encontram paz; e com frequência eles se voltam para a crença de doutrinas ortodoxas, e buscam a salvação no mero conhecimento da Palavra, esquecendo que Jesus disse uma vez: "Examinais as Escrituras, porque julgais ter nelas a vida eterna, e são elas mesmas que testificam de mim. Contudo, não quereis vir a mim para terdes vida" (João 5:39,40). De uma forma ou de outra, todos os seres humanos naturais procuram refúgio em si mesmos e recorrem a isso continuamente, embora muitas vezes sejam retirados de lá. Fazer isso é inútil e insensato, desonra a Deus e contamina eles mesmos. Se as pessoas apenas acreditassem na verdade, saberiam que não podem salvar-se, assim como não podem transformar o mal em bem, ou o inferno em céu! Seria uma grande coisa se elas pudessem ser levadas a entender que têm demasiado poder para destruir a si mesmas, mas que toda a sua ajuda para a salvação está inteiramente em Jesus Cristo; quando elas estiverem convencidas disso, se lançarão sobre o Redentor, e a paz e a alegria encherão seus espíritos. Esse é a obra estrutural que confunde totalmente o pregador, é uma obra que somente o Espírito Santo pode realizar. Para afastar o pecador do cerne do ego, para resgatá-lo de seus delírios orgulhosos, para fazê-lo ver que a salvação deve vir de cima, como o puro dom da graça — isso, embora pareça bastante simples, requer um milagre da graça.

Deus, o Espírito Santo, geralmente usa, como uma cura para esse olhar insensato para o ego, a apresentação de Cristo Jesus. Cristo suplanta o ego. Olhar para Jesus põe fim ao olhar que recorre a estruturas, sentimentos e obras; e agora me esforçarei para pregar Jesus Cristo, em plenitude de sua perfeição como Salvador, para que os pobres pecadores não busquem a perfeição em si mesmos, tampouco busquem qualquer aptidão ou força em si mesmos, mas possam correr para Jesus, em quem tudo o que é necessário para sua salvação é tão ricamente provido.

I

Cinco pensamentos surgem do texto, e o primeiro é o seguinte: amado, você que busca a paz, creia *na vontade indubitável de Jesus Cristo para salvar.*

Onde posso encontrar isso no texto? Acho-o logo abaixo de sua superfície, e aqui está. Como Deus, o Senhor Jesus é, e sempre foi, perfeito no sentido mais enfático; como ser humano, o caráter de Cristo também é perfeito desde o início, não tendo nele insuficiência nem excesso; mas como Mediador, Sumo Sacerdote e Salvador, Ele teve de passar por um processo para tornar-se perfeitamente apto; pois o texto diz: "E, sendo ele consumado, veio a ser a causa de eterna salvação" (Hebreus 5:9). Agora, se descobrirmos que Ele estava disposto a submeter-se ao processo que o tornou completamente apto para o ofício de Salvador, podemos certamente concluir que Ele está suficientemente desejoso para pôr em prática as qualidades que Ele obteve. Suponhamos que tenhamos diante de nós uma pessoa ansiosa para servir os doentes. Ela é uma mulher de caráter mais excelente, e em todos os aspectos impecável, mas ainda não está preparada para desempenhar o papel de uma enfermeira até que ela ande pelos hospitais; e para isso ela deve desistir do conforto da casa, empreender em um mundo de trabalho penoso, e ver muitas coisas que lhe causarão dor, pois ela mesma deve ver e entender o que significa a doença, ou ela não será útil. Ora, se essa pessoa está disposta a sofrer desconforto pessoal e cansaço físico, a abnegar-se muito e exercer demasiado pensamento solícito para se tornar enfermeira, e se, de fato, todo o processo preparatório já foi submetido, quem duvidaria de sua disposição para exercer o ofício de enfermeira, para o qual se esforçou tanto para se adaptar? A situação não fala por si só? Em seguida, transfira esse raciocínio para o Senhor Jesus. Ele sofreu tudo o que era necessário para torná-lo um Salvador completo, em todos os pontos qualificado para o seu trabalho; e ninguém pode ousar insultá-lo dizendo que Ele não está disposto a exercer o seu cargo e salvar os seres humanos.

Lembrem-se de que aquilo que o Filho de Deus sofreu para que fosse preparado para ser um Salvador foi extremamente humilhante e doloroso. Ele deixou o trono rumo à cruz e a adoração dos anjos rumo ao escárnio dos subalternos. Ele veio de um mundo brilhante, onde não precisam da luz do sol, para visitar aqueles que se sentam na escuridão e no vale da sombra da morte. Ele era tão pobre que não tinha onde reclinar a cabeça, tão desprezado que até os seus não o receberam, mas esconderam, por assim dizer, seu rosto. Ele suportou a própria morte nas mais cruéis circunstâncias de infâmia e dor. Tudo isso era necessário antes que Ele pudesse ser feito perfeito como Sacerdote e Salvador; mas tudo isso Ele sofreu e declarou a respeito de tudo: "Está consumado" (João 19:30). O que são aqueles furos em suas mãos? O que senão os sinais de aptidão para o seu ofício? Que corte é esse na lateral de seu corpo? O que senão a garantia de que a obra está completa, o que o torna um Salvador perfeito? E alguém ainda pode ousar dizer, em face de tudo isso, que Ele se nega a salvar? Que Ele rejeita ouvir o clamor de um pecador? Que vocês o invocaram juntos e, no entanto, não foram respondidos? Que vocês estão dispostos a vir e atirar-se a seus pés, mas Ele não está disposto a recebê-los? Oh, não diga uma falácia assim tão infundada, tão desonrosa para Ele, e tão profanadora para vocês. Jesus está disposto a salvar, ou então Ele nunca poderia ter se submetido a uma preparação tão dolorosa, a fim de que Ele pudesse ser empossado em seu ofício como Mediador; Ele não teria trabalhado tão severamente para alcançar essa posição elevada em que Ele é capaz de salvar até os confins da terra aqueles que vêm a Deus por Ele, se Ele não tivesse uma boa vontade para com os pecadores, e uma prontidão para recebê-los. Grandessíssimo pecador, se você concluir que Jesus Cristo não está disposto a salvar, você deve supor que Ele se preparou deliberadamente, e com custo doloroso, para nada fazer; pois se Ele não salvar os seres humanos, então Ele veio sem uma missão, e morreu sem um propósito; pois Ele certamente não veio para condená-los.

> Porque Deus enviou o seu Filho ao mundo não para que condenasse o mundo, mas para que o mundo fosse salvo por ele (João 3:17).

Porque o Filho do Homem veio buscar e salvar o que se havia perdido (Lucas 19:10).

Se, então, Ele não salvar o que está perdido, Ele se preparou para nada, viveu em vão e derramou seu sangue sem propósito. Se vocês conseguiram chegar a tal pensamento acerca dele e sua obra, maravilho-me com a incredulidade de vocês, e tremo ao pensar quão fatalmente o pecado cegou os seus olhos. Além disso, se vocês acham que Jesus não quer salvar, terão de supor que, tendo passado uma vida em obediência e sofrido uma morte de agonia, Ele mudou de ideia e renunciou ao objeto que antes lhe era tão caro. Vocês terão que acreditar que o coração que sangrou, e mesmo depois da morte derramou sangue e água, de repente ficou petrificado; que os olhos que choravam sobre Jerusalém não retêm mais nenhuma piedade pelos seres humanos, e que aquele que orou por seus assassinos, "Pai, perdoa-lhes" (Lucas 23:34), agora se tornou duro em espírito, e não terá nada com os pecadores quando eles buscarem sua misericórdia. Oh, meu Senhor não permita que pensemos tamanha desonrada acerca dele! Eis que "Jesus Cristo é o mesmo ontem, e hoje, e eternamente" (Hebreus 13:8). Interrogue essas cicatrizes e veja se há alguma mudança nele; olhem para o seu rosto e vejam se o amor daí se foi! Ele está no céu neste dia, e vive para sempre para interceder pelos pecadores; e pergunto-lhes: Ele continuaria a interceder se tivesse deixado de amar? Será que Ele não abdicaria do ofício em grande desgosto se sua natureza fosse tão alterada que Ele não se importasse mais em salvar os perdidos? Afastem-se de seus medos desonrosos. Vocês supõem que Jesus salvou tudo o que Ele planejou abençoar, e que a história completa de seus redimidos foi inventada? Vocês imaginam que o mérito de seu sangue chegou ao fim, que seu poder e vontade de perdoar foram retirados dele? Não pode ser assim, pois não está escrito: "Pede-me, e eu te darei as nações por herança e os confins da terra por tua possessão" (Salmos 2:8)? E isso ainda não se concretizou. Está escrito: "Com o seu conhecimento, o meu servo, o justo, justificará a muitos" (Isaías 53:11), mas até agora muitos não foram justificados, pois o número dos salvos é pequeno em comparação com a multidão que desce ao inferno. Não terá Jesus a preeminência? Não redimirá para si um número que ninguém pode contar? Quando todo o poema da história humana tiver sido escrito, não será considerado uma honra que a graça abunda sobre o pecado, que Cristo vence sobre Satanás, que a misericórdia triunfa sobre a ira? Será que Jesus e a sua semente não sobrepujaram a semente da serpente? De que outra forma seria verdade que seu calcanhar machucado esmagaria a cabeça da serpente? Em vez de crer que Jesus deixou de salvar, procuro uma demonstração mais completa de seu poder, nos dias felizes em que as nações nascerão de uma só vez. A fonte flui com fluxo inalterado: ó pecador, beba e viva. Você não deve imaginar, pobre e trêmulo pecador, que o querido Redentor sofreu todas as suas agonias para preparar a si mesmo para salvar os seres humanos, e ainda não está disposto a realizar seu sagrado ofício; tal fantasia perversa será ruinosa para sua alma e penosa para seu Espírito. Oh, que você vá até Ele e o experimente; Ele está pronto para salvá-lo.

II

O segundo pensamento nos aproximará do texto. Considerem, peço-lhes, em segundo lugar, *a perfeita aptidão do Salvador para a sua obra*. Veremos a aptidão tanto para com Deus como para com o ser humano.

Vejam isso com relação a Deus. Pecador, se alguém deve lidar com Deus por você, a fim de favorecer-lhe, este deve ser alguém escolhido por Deus, pois "ninguém toma para si essa honra, senão o que é chamado por Deus, como Arão. Assim, também Cristo não se glorificou a si mesmo, para se fazer sumo sacerdote, mas glorificou aquele que lhe disse: Tu és meu Filho, hoje te gerei" (Hebreus 5:4,5). Cristo foi estabelecido por Deus desde toda a eternidade para ser o representante do seu povo perante o trono.

Todavia, ao Senhor agradou o moê-lo (Isaías 53:10).

Mas o Senhor fez cair sobre ele a iniquidade de nós todos (Isaías 53:6).

Desde a eternidade pretérita Ele foi designado para ser o Sumo Sacerdote e Redentor do seu povo. Vocês não conseguem ver aqui as bases para que possam descansar nele? O que Deus designa deve ser seguro para que aceitemos.

Para que Jesus Cristo, sendo assim designado, estivesse apto para o seu ofício, era necessário que se tornasse um ser humano. Os seres humanos pecaram, e devem reparar a lei violada. Deus não aceitaria um anjo como substituto, pois a lei tinha a ver com o ser humano, e como toda a raça humana tinha se revoltado, deve ser através de um da raça que a justiça de Deus deve ser justificada. Jesus, porém, era Deus: como poderia então tornar-se nosso Salvador? Eis o mistério! Deus foi manifestado na carne. Ele desceu à manjedoura de Belém, aninhou-se no seio de uma mulher; pois, como as crianças eram participantes da carne e do sangue, Ele próprio também participou do mesmo. Pecador, eis que seu Deus encarnado, o Eterno, habita entre os seres humanos que estão morrendo, e, para salvá-los, foi encoberto na própria carne mortal deles. Esse é o maior fato já dito aos ouvidos humanos. Ouvimos isso como uma coisa comum, mas os anjos nunca deixaram de se maravilhar, desde o dia que louvaram e encantaram os pastores que ouviam. Deus desceu à humanidade para elevar a humanidade a Deus. Certamente é o pecado dos pecados se rejeitarmos um Salvador que tanto se rebaixou para ser perfeitamente excelso para salvar.

"[Sendo] achado na forma de homem" (Filipenses 2:8), era necessário para com Deus que Jesus cumprisse a lei e realizasse uma obediência perfeita. A obediência de um anjo não teria cumprido a obra: era de um ser humano que a obediência era exigida, e um ser humano deve fazê-lo.

Eis, pois, este segundo Adão, este novo Chefe de nossa raça, dando a Deus a completa obediência que a lei exigia, amando a Deus de todo o coração e ao próximo como a si mesmo. A partir do momento em que Ele disse à sua mãe: "Não sabeis que me convém tratar dos negócios de meu Pai?" (Lucas 2:49) até o momento em que ele exclamou exultantemente "Está consumado!" (João 19:30), Ele era em todas as coisas o Servo obediente do grande Pai, e agora sua justiça nos defende, e somos "[feitos] agradáveis a si [o Pai] no Amado" (Efésios 1:6). O Sumo Sacerdote que deve interceder por nós deve carregar em sua fronte "santidade para o Senhor" (Jeremias 2:3); e verdadeiramente temos tal Sumo Sacerdote, pois Jesus é "santo, inocente, imaculado, separado dos pecadores" (Hebreus 7:26).

Isso tudo foi feito não apenas para Deus. O Sumo Sacerdote que nos deve salvar deve ser capaz de oferecer um sacrifício suficiente, eficaz para fazer expiação, de modo a reivindicar a justiça eterna e acabar com o pecado. Oh, pecadores, ouçam, e deixem que soe como música aos ouvidos: Jesus Cristo não ofereceu o sangue de novilhos nem de bodes, mas apresentou o seu próprio sangue sobre o altar.

> Levando ele mesmo em seu corpo os nossos pecados sobre o madeiro (1Pedro 2:24).

> Mas este, havendo oferecido um único sacrifício pelos pecados, está assentado para sempre à destra de Deus, daqui em diante esperando até que os seus inimigos sejam postos por escabelo de seus pés. Porque, com uma só oblação, aperfeiçoou para sempre os que são santificados (Hebreus 10:12-14).

O sangue de touros e de bodes nunca poderia tirar o pecado, mas o sangue do Filho de Deus tem eficácia infinita, e para cada um por quem o Grande Garantidor morreu, todo o pecado foi posto de lado, uma vez que Ele suportou a sua pena; a lei não podia pedir mais. Lamentável, de fato, é o caso da pessoa que não tem interesse no sacrifício expiatório; seu pecado é pesado sobre ela e a ira paira em seus ombros. Desgraçado é o pecador que, consciente de sua culpa e chamado a crer em Jesus, continua a olhar para si mesmo, assim como vilipendia o sacrifício, tão precioso aos olhos do Senhor. O sangue de Jesus fala melhor do que o de Abel, e ai daquele que despreza o seu clamor gracioso.

> Como merecem o mais profundo inferno,
> Pois desprezam as alegrias daquele esplendor!
> Que o grilhão da vingança seja eterno,
> Para aqueles que quebram os cordões do amor.

Para Deus, então, Cristo tornou-se perfeito como nosso Salvador, e quando Ele consumou sua obra, o Senhor certificou a conclusão e aceitação dela, ressuscitando-o dos mortos, e dando-lhe um lugar à sua própria mão direita. Aquele que, como juiz, foi ofendido pelo nosso pecado, está agora muito satisfeito com o seu Filho, e estabeleceu uma aliança de paz conosco por causa dele. Deus está satisfeito com Jesus e você está insatisfeito? A justiça infinita lhes é satisfatória? E as suas dúvidas e receios impedem que vocês se reconciliem? Vocês estão parados e dizem que Jesus não pode salvá-los, quando a Palavra de Deus declara que Ele é capaz de salvar cabalmente os que vêm a Deus por intermédio dele? Vocês colocam os seus preconceitos e descrenças sob o pretexto da humildade, em oposição à declaração de Deus, que não pode mentir? O Senhor declara a sua aprovação acerca de seu querido Filho; por que, então, vocês a refutam? Deus não permite que vocês se entreguem a tal pecado por mais tempo. Em vez disso, acabem com sua oposição e, onde Deus encontrar descanso, encontrem descanso; se o Senhor se contentar em salvar aqueles que obedecem a Jesus, sejam obedientes com a ajuda do bendito Espírito de Deus.

Mas, amados, eu disse que Cristo Jesus, como nosso Sumo Sacerdote, precisava ser feito perfeito para com o ser humano. Ó pecador, considere as perfeições de Cristo pois são de seu interesse. Para que Ele nos salve, Ele deve ter poder para perdoar e renovar nosso coração; Ele tem este poder em plenitude, pois todo o poder é dado a Ele no céu e na terra; Ele concede arrependimento e remissão. Contudo, infelizmente, temos medo dele; não nos aproximamos dele e, portanto, para torná-lo um Salvador perfeito, Ele deve ser terno de coração, disposto a vir até nós quando não conseguimos ir até Ele; deve ser compassivo com nossa ignorância e pronto para nos auxiliar em nossas fraquezas. É necessário ser alguém que possa inclinar-se para atar feridas abertas que não podem curar-se por si mesmas, alguém que não se importe de tocar no leproso, ou de se curvar sobre os acometidos de febre, ou de ir para a sepultura onde a corrupção polui o ar; alguém que não peça ao leproso que se purifique primeiro, mas que entre em contato com ele em toda a sua imundície e abominação, e o salve. Ora, irmãos, Jesus convida-nos a ir ter com Ele, porque Ele é manso e humilde de coração; diz-se dele: "Este recebe pecadores e come com eles" (Lucas 15:2). Ele foi chamado de "amigo de publicanos e pecadores" (Mateus 11:19). O seu nome é amor e o seu coração é repleto de piedade.

Para tornar a ternura prática, não se deve apenas ter uma natureza gentil; deve-se, contudo, ter sofrido os sofrimentos de que se compadece, de modo a ter compaixão para com eles. Podemos tentar, caros amigos, ter empatia com as pessoas em certas aflições, mas a tentativa não terá êxito se não tivermos trilhado os mesmos caminhos. Agora, pecador, você tem um coração contrito? Assim o fez Cristo, pois Ele disse: "Afrontas me quebrantaram o coração" (Salmos 69:20). Você está estremecido diante a ira divina? Ele também clamou: "Por que me desamparaste?" (Mateus 27:46). Que fardo você carrega? O fardo dele era muito mais pesado que o seu. Você está ferido? Ele foi pregado no madeiro! Você se sente muito triste, mesmo diante da morte? O mesmo aconteceu com Ele, vertia de sua fronte suor em sangue. Ele é um Salvador fraterno, bem exercitado na escola da tristeza, profundamente versado na ciência da consolação. Jesus conhece os meandros de nossa natureza, sabe o que há no ser humano. Agora, eis aí uma grande aptidão. Se você vai a um médico, e o seu caso é muito peculiar, você fica em dúvida quanto à capacidade desse profissional; mas quando ele mostra que sabe tudo sobre você, descrevendo os sintomas exatamente como eles ocorrem, e acrescenta: "Eu já fui acometido com esta mesma doença", você diz a si mesmo: "Esta pessoa me servirá". Assim é com Jesus:

> Ele sabe o que significam as tentações ferozes,
> Pois ele sentiu o mesmo.

Até onde é possível para aquele que não tem pecado fazê-lo, Ele se solidariza com toda a sua condição; Ele conhece as lutas internas, os medos, as lágrimas amargas, os gemidos que não podem ser proferidos; Ele conhece cada jota e til de sua experiência e é, portanto, eminentemente apto para lidar com a sua situação. Se você estivesse a bordo de uma embarcação e você tivesse perdido o rumo, ficaria contente em ver que se aproxima um comandante. Pois, Ele está a bordo agora, e você diz: "Comandante, você sabe onde estamos?"; "Sim", diz Ele, "Claro que sim. Posso dizer-lhe com precisão a menos de um metro de distância". "Está bem, senhor comandante, mas pode levar-nos ao porto que queremos chegar?"; "Certamente", diz Ele. "Você conhece a costa?"; "A costa, senhor! Conheço cada pequeno pedaço de promontório, rocha e areia movediça, assim tão bem como conheço o corte do meu rosto em um espelho. Passei por cima de cada centímetro em todas as marés e em todas as condições climáticas. Sou como uma criança em casa aqui"; "Mas, comandante, você conhece aquele abrolho traiçoeiro?"; "Sim, e lembro-me de quase encalhar uma vez, mas escapamos bem a tempo. Conheço essas areias tão bem como se fossem meus próprios filhos." Você se sente perfeitamente seguro nessas mãos. Tal é a aptidão de Cristo para guiar pecadores para o céu. Não há uma baía, ou um riacho, ou uma rocha, ou uma areia entre o turbilhão do inferno e os belos paraísos do céu, portanto, por ter Cristo sondado todas as profundezas e as águas rasas, por ter medido a força da corrente, e visto o seu fluxo; Ele sabe como conduzir e trazer o navio imediatamente pelo melhor curso para o porto celestial.

Há uma coisa deleitante na perfeita aptidão de Cristo para salvar os seus, a saber, que Ele "[vive] sempre para interceder por eles" (Hebreus 7:25). Se Jesus Cristo estivesse morto e nos tivesse deixado o benefício da salvação para que pudéssemos nos ajudar desimpedidamente, teríamos muito pelo que louvá-lo; mas Ele não está morto, Ele vive. Ele deixou-nos um legado, mas muito desse legado nunca chega àqueles de devem recebê-lo: porém, eis que o grande Criador desse testamento está vivo para realizar as suas próprias deliberações. Ele morreu, e assim fez do legado algo bom; Ele ressuscitou e vive para garantir que ninguém roube qualquer um de seus amados da porção que lhes deixou. O que você acha de Cristo suplicando por nós no céu? Alguma vez você calculou o poder dessa súplica? Ele está dia e noite suplicando por todos os que lhe obedecem, suplicando pelos pecadores, suplicando a Deus que o perdão possa ser dado ao maior dos infratores. Porventura, suplica Ele em vão? Porventura é Ele inaceitável junto ao Pai? Isso é inimaginável! Por que, então, ó pecador, você continua a olhar para si mesmo? Muito mais sensato seria se você voltasse os olhos para o seu Senhor. Você diz: "Eu não sou perfeito". Por que você quer ser? A perfeição está no Senhor. "Mas, infelizmente, não sou isto e não sou aquilo." O que tem isto a ver com aquilo? Jesus é tudo o que devemos desejar. Se você fosse o seu próprio salvador, estaria, de fato, em grande apuro, pois você é composto de falhas e fracassos; mas se Ele é o Salvador, por que falar do que você é? Ele está totalmente preparado para a obra; Ele nunca pediu sua ajuda, é um insulto supor que Ele a queira. E se você estiver morto no pecado, e putrefato no vício e na corrupção? Ele é capaz de ressuscitá-lo dos mortos e de fazê-lo sentar-se à sua direita nos lugares celestiais, pois Ele é perfeito como Salvador e é capaz de salvar completamente.

III

O terceiro ponto é este: quero que percebam *a posição elevada que nosso Senhor Jesus assume em relação à salvação*. De acordo com o texto, "Ele veio a ser a causa de eterna salvação" (Hebreus 5:9). Ele é quem projeta, cria e opera e a causa da eterna salvação. Por Ele a salvação foi realizada:

> A sua destra e o seu braço santo lhe alcançaram a vitória (Salmos 98:1).

> Eu sozinho pisei no lagar, e dos povos ninguém se achava comigo (Isaías 63:3).

Ele é o Autor da Salvação neste sentido, que toda dádiva se estabelece através dele. Todos as várias facetas da salvação, sejam elas a eleição, o chamado, a justificação ou a santificação, todas nos abençoam por intermédio dele, conforme o Pai nos escolheu nele desde antes da fundação do mundo. Nele somos chamados, nele preservados, nele aceitos; dele provém toda a graça. Cristo é tudo em todos. A salvação dentro de nós é toda obra sua. Ele nos buscou e nos comprou. O seu Espírito dá-nos a primeira percepção do pecado e leva-nos à fé; Ele mesmo atrai-nos para si. O seu nome é Jesus, pois Ele salva o seu povo de seus pecados.

Permita-me comparar a salvação a um livro, do qual Jesus é o único autor. Ninguém contribuiu com uma linha ou um pensamento para essa obra. Ele nunca pediu a nenhuma mente humana que escrevesse um prefácio para sua obra; a primeira palavra sai de sua caneta. Alguns de vocês estão tentando escrever um prefácio à obra de Cristo, mas a labuta de vocês é vã, Ele jamais incorporará a miserável introdução de vocês às suas linhas douradas de amor. Venham a Ele sem um prefácio, assim como vocês estão, mergulhados até a garganta na imundície do pecado, chafurdados no lodo de Sodoma. Venham a Ele sem preparação prévia, e apresentem-lhe as tábuas do coração, para que Ele possa escrever sobre elas. Ele é um autor tão qualificado que ninguém jamais descobriu a menor errata em sua obra, pois não há erros e nenhuma alteração é necessária. Quando Ele salva, Ele o faz de forma cabal. Ele não nos pede que revisemos e aperfeiçoemos sua escrita, ela é perfeita por sua própria mão. Ele é um autor para cuja escrita não há adendos; está consumada, e Ele amaldiçoa quem tentar adicionar uma linha. Temos de tomar a salvação consumada e regozijar-nos nela, mas jamais poderemos acrescentar-lhe nada. Cristo é um autor que não quer o selo de excelência de ninguém, Ele próprio tem dignidade e autoridade suficientes para tornar a sua obra ilustre sem o patronato de pessoas. Cristo é o autor da salvação. O que você tem de fazer, pecador, é tomá-la; não prefaciá-la, melhorá-la ou acrescentar-lhe nada, mas tomá-la exatamente como ela é. Ei-la aí, tome-a; estenda a sua mão trêmula e recebe-a: traga o seu cálice vazio e o segura debaixo da fonte divina, e o encha. A fé para aceitá-la é tudo o que é necessário. Por que é que você protela? Você quer se tornar melhor antes de crer em Jesus; isto é, você quer ser o autor da salvação e tirar Cristo de seu lugar. "Oh, mas você dirá: eu não consigo orar como quero". Se você pudesse orar como deveria, Cristo seria capaz de salvá-lo? Ele quer que as suas orações o ajudem, é isso? "Oh, mas eu não me sinto como deveria me sentir." Seus sentimentos devem ajudar a Cristo, é isso que você está dizendo? "Oh, mas eu quero ser diferente." E se você fosse diferente, então Cristo seria capaz de salvar, mas Ele não pode salvá-lo da maneira que você é agora? É isso mesmo o que você está dizendo? Você se atreve a dizer que Ele não pode perdoá-lo neste momento, enquanto a palavra sai da minha boca? Você quer dizer que neste exato instante, assim como você é, um pecador, e nada além de um maldito pecador, Ele não pode perdoá-lo agora, se você confiar nele? Se pensa assim, está enganado, pois Ele pode agora salvá-lo. Tendo sido feito perfeito, Ele é o Autor da salvação eterna para todo aquele que lhe obedece, e Ele é capaz, neste momento, de declarar paz à consciência de qualquer um e de cada um que agora lhe obedece. Que Deus lhes conceda a graça de compreender o pensamento que tento esclarecer, mas que apenas o Espírito de Deus pode levá-los a compreender.

IV

O meu próximo pensamento é este: permaneçam por alguns minutos em devota meditação sobre *o notável caráter da salvação que Cristo realizou*. Ele é o autor da salvação eterna. Oh, como eu amo essa palavra "eterna!", "salvação eterna!" Quando o sumo sacerdote judeu oferecia um sacrifício, o adorador ia para casa satisfeito, pois o sangue havia sido aspergido e a oferta aceita; mas em pouco tempo ele pecava novamente, e ele tinha de trazer outro sacrifício. Uma vez por ano, quando o sumo sacerdote entrava para além do véu e saía e pronunciava uma bênção sobre o povo, todo o Israel voltava para casa contente; no próximo ano, porém, deveria haver a mesma lembrança do pecado, e a mesma aspersão de sangue, pois o sangue de touros e de cabras não podia realmente afastar o pecado, era apenas uma tipologia. Quão abençoadora é a verdade de que nosso Senhor Jesus não precisará trazer outro sacrifício a qualquer momento, pois Ele obtem a salvação eterna através de sua única oferta.

É uma salvação eterna em oposição a qualquer outro tipo de libertação. Há salvações mencionadas na Bíblia, que são transitórias, pois lidam somente com problemas temporais e aflições passageiras, mas aquele que uma vez foi retirado do horrível poço do pecado imperdoável pela mão de Cristo nunca mais se deitará naquele lugar horrível. Sendo ressuscitados dos mortos, não morremos mais. Somos efetivamente libertos do domínio do pecado quando Jesus Cristo vem para nos salvar.

É a salvação eterna, neste sentido, que nos salva da condenação eterna e do castigo eterno. Glória a Deus! O castigo eterno nunca cairá sobre aquele que crê, pois a salvação eterna o removeu.

É a salvação eterna, em oposição ao risco de cair e perecer. Alguns de nossos irmãos parecem muito satisfeitos com uma salvação de caráter temporário, cuja continuidade depende de seu próprio comportamento. Não os invejo e não tentarei roubar-lhes o seu tesouro, pois eu jamais quereria a salvação deles, mesmo que me pressionassem com tamanha intensidade. Estou muito mais satisfeito por ter a salvação eterna, uma salvação baseada em uma obra consumada, levada a cabo pelo poder divino e empreendida por um Salvador imutável. Oh, mas eu ouço alguns dizerem que você pode ter a vida eterna hoje, e perdê-la amanhã. O que significam essas palavras? Como pode ser eterna essa vida que se pode perder? Ora, então a vida não poderia ter sido eterna. Essa doutrina é uma inexatidão na linguagem, uma contradição em termos.

> [Aquele que] crê naquele que me enviou tem a vida eterna (João 5:24).

> E dou-lhes a vida eterna, e nunca hão de perecer, e ninguém as arrebatará das minhas mãos (João 10:28)

> Porque eu vivo, e vós vivereis (João 14:19).

Pecador, se você crer em Jesus, Ele não o salvará hoje e o deixará perecer amanhã, Ele lhe dará a salvação eterna, para que nem a morte, nem o inferno, nem o tempo, nem a eternidade possam destruí-la, pois "[quem] nos poderá separar do amor de Deus, que está em Cristo Jesus, nosso Senhor?" (Romanos 8:39). A pessoa que crê em Jesus não está tão feliz como se já estivesse no céu, mas está salva da condenação final como se lá já estivesse.

> Sua honra empenha-se em salvar
> E a ovelha mais vil alcança;
> Tudo o que seu Pai Celestial quiser dar
> Suas mãos sustentam em segurança.

> Nem a morte nem o inferno podem remover
> Seus amados do seu aconchego;
> No querido âmago de seu bem-querer
> Podem descansar em todo o tempo.

Se esta doutrina não for ensinada nas Escrituras, nada mais é ensinado lá, e as palavras não têm valor. A coisa mais importante que está escrito nas Escrituras é: "Quem crer [...] será salvo" (Marcos 16:16). Que Deus nos conceda a graça de concretizar essa promessa.

Quando o texto diz "salvação eterna", significa que amadurecerá em felicidade eterna. Você é salvo da miséria eterna, é preservado pela vida eterna de cair de volta em sua antiga vida, e será levado à felicidade eterna. Todo aquele que Cristo salvar verá o rosto de Deus com alegria para sempre, tão certo como Ele nasceu. Cristo foi aperfeiçoado com o propósito de ser o autor da salvação eterna.

V

O último pensamento é sobre *as pessoas envolvidas nesta salvação*. "A todos os que lhe obedecem." A palavra "obedecer" aqui, de acordo com a admirável tradução do dr. Owen[1], significa "obediência em ouvir", e ele diz

---

[1] John Owen (1616-1683) foi um influente teólogo puritano inglês do século 17. Sua vida e obra tiveram um impacto significativo no desenvolvimento do pensamento

muito bem que isso demonstra fé. Obedecer a Cristo é, em sua essência, confiar nele ou crer nele; e poderíamos ler nosso texto como se dissesse: "O autor da salvação eterna para todos os que nele creem". Se você quiser ser salvo, seu primeiro ato de obediência deve ser confiar inteiramente, simplesmente, sinceramente e exclusivamente em Jesus. Recline sua alma inteiramente em Jesus e você está salvo agora. Isso é tudo? Claro, isso é tudo! Mas o que o texto diz é "obedecer"? Precisamente isso; e vocês não sabem que todo aquele que confia em Cristo lhe obedece?

Há pouco, dei-lhes a ilustração de um comandante de um navio. O comandante vem a bordo e diz: "Se eu quiser conduzi-lo ao porto, você deve confiar a mim o comando da embarcação". Isso é feito e ele dá ordens: "Içar velas!" Suponha que o capitão, diante disso, diga ao marinheiro: "Deixe esta vela onde está, é uma ordem!"; não está claro que ele não confia no comandante? Se confiasse nele, mandaria cumprir as suas ordens. Suponha que o comandante diga ao engenheiro: "Vá com calma!!", e o capitão contrariasse a ordem; o comandante evidentemente não é confiável, e se o navio bater em terra, não será culpa dele. Assim é com relação a nosso Senhor. No momento em que você se coloca em suas mãos, você deve obedecê-lo, ou você não confiou nele. Para mudar o exemplo: o médico sente o seu pulso. "Vou receitar-lhe algum remédio, diz ele, que será muito útil e, além disso, você deve tomar um banho quente". Ele vem no dia seguinte e você lhe diz: "Doutor, eu pensei que você ia me curar, eu não estou nem um pouco melhor". "Ora, diz ele,

---

religioso e teológico protestante durante a era da Reforma Inglesa. Ele estudou na Universidade de Oxford, onde recebeu um doutorado em Teologia. Serviu como pastor em diversas igrejas. Sua pregação era conhecida por sua profundidade teológica e espiritualidade. Owen é mais conhecido por suas numerosas obras teológicas, sendo a mais célebre *A morte da morte na morte de Cristo*, na qual ele defendeu a doutrina da expiação limitada. Ele fez contribuições significativas para a teologia reformada, particularmente na área da soteriologia (doutrina da salvação), pneumatologia (doutrina do Espírito Santo) e eclesiologia (doutrina da igreja). Sua ênfase na importância da santificação e na comunhão com Deus influenciou muitos teólogos posteriores, incluindo Spurgeon.

você não confia em mim". "Sim, senhor, eu confio; tenho certeza de que lhe deposito toda confiança". "Não, diz ele, você não deposita sua confiança em mim, pois aí está o frasco de remédio que você nem mesmo abriu, você não tomou uma gota sequer dele. Você já tomou o banho quente?"; "Não, senhor." "Bem, você está me fazendo de bobo; o fato é que eu não mais voltarei aqui. Você não acredita em mim. Você não me considera seu médico". Todo aquele que crê em Cristo lhe obedece; crer e obedecer sempre correm lado a lado. Vocês devem saber que Cristo não vem apenas para apagar o passado, Ele vem para nos salvar de sermos o que somos, para nos salvar de um temperamento perturbado, de um olhar orgulhoso, de uma aparência negligente, de um coração corrupto, de desejos cobiçosos, de uma vontade rebelde e de um espírito vadio. Ora, isso não pode ser feito a menos que obedeçamos, pois se quisermos continuar a viver no pecado, a salvação é uma mera palavra, e gabar-se dela seria um disparate. Como podemos ser salvos do pecado se estamos vivendo no pecado? Alguém pode dizer: "Cristo me salva, e ainda assim eu me embriago". Meu senhor, você mente. Como você pode ser salvo da embriaguez quando está vivendo chafurdado nela? "Mas Cristo salva-me, diz outro, embora eu seja mundano, promíscuo e leviano". Como é que Ele o salva? Desperte homem! Você me diz que o médico o curou da lepra enquanto ainda está branca na sua testa? Como você pode dizer que Ele curou você da ardente febre enquanto você está tremendo em calafrios? Certamente você não sabe do que está falando. Cristo vem para nos salvar de viver como outrora vivíamos; vem para nos fazer novas pessoas; para nos dar um novo coração e um espírito bom; e, quando o fizer, não nos deixará voltar aos nossos velhos pecados, mas nos conduz ao caminho da santidade.

Observem bem que todo aquele que obedecer a Cristo será salvo, qualquer que tenha sido sua vida pregressa. Cada um de vocês, seja qual for a sua condição atual, será salvo se obedecerem ao Redentor, pois "[Ele] veio a ser a causa de eterna salvação para todos os que lhe obedecem" (Hebreus 5:9). Perceba, nada além disto: nenhuma alma que se recusa a obedecer a Cristo terá qualquer parte ou sorte na salvação. As pessoas podem professar o credo que quiserem, mas nunca obterão a salvação eterna a menos que obedeçam a Jesus. As portas que se abrem para permitir a entrada dos obedientes fecham-se rapidamente para excluir os incrédulos e os desobedientes.

> Porque Deus amou o mundo de tal maneira que deu o seu Filho unigênito, para que todo aquele que nele crê não pereça, mas tenha a vida eterna (João 3:16).

A extensão do amor de Deus ao mundo é esta: que Ele ama a ponto de salvar todos os que creem em Jesus; mas Ele nunca salvará uma alma que morre incrédula e desobediente. Se você rejeita a Cristo, você fecha diante de si a única porta da esperança, "mas quem não crê já está condenado" (João 3:18).

Às vezes deparo-me com esta afirmação — que a fé é o dom de Deus e é operada no ser humano pelo poder do Espírito de Deus e, portanto, não tenho o dever de ordenar e implorar às pessoas que creiam. Não demoro em responder aos meus opositores; pois dentro de mim sei que a fé salvadora é sempre o dom de Deus e, em todos os casos é a obra do Espírito Santo; mas, mesmo assim, não sou um idiota e, portanto, também sei que a fé é a ação humana. O Espírito Santo não crê em nosso lugar. No que Ele deveria crer? O Espírito Santo não se arrepende por nós. Do que Ele deveria se arrepender? Você mesmo deve crer por conta própria, e deve ser seu próprio ato pessoal, ou você nunca será salvo! Convido-lhes perante Deus: não deixem que a grande verdade de que a fé é dom de Deus os leve a esquecer que nunca serão salvos, a não ser que creiam por si mesmos em Jesus. Se vocês creem no Senhor Jesus Cristo, serão salvos, pois aqui está o evangelho: "Quem crer e for batizado será salvo" (Marcos

16:16); e aqui está a condenação solene adjacente: "Mas quem não crer será condenado" (Marcos 16:16).

Pecador, nunca houve um Salvador como Cristo. Ele é o próprio Salvador para vocês; Ele está disposto e é capaz de salvar, e sabe como fazer. Ele prometeu salvar todos os que confiam nele. Vá e experimente dele, e se esta manhã você confiar nele e Ele o rejeitar, venha e diga-me, e eu deixarei de pregar. Quando eu souber que meu Mestre lançou fora aqueles que se achegaram a Ele, vou fechar as portas e parar de pregar o evangelho. Posso falar de mim mesmo. Fui até Ele tremendo e consternado, e pensei que Ele nunca me receberia; mas fui recebido assim: "Entra, bendito do Senhor, por que estarás fora?" (Gênesis 24:31). Ele lavou-me dos meus pecados na mesma hora, e me despediu em regozijo; e aqui tenho estado estes 23 anos pregando a graça livre e o amor sacrificial, e nunca vi um pecador a quem Jesus rejeitou; e se um dia me deparar com tal caso, devo parar de pregar por tamanha vergonha. Não tenho medo, no entanto, pois tal caso nunca será ouvido neste mundo. Não, nem no abismo infernal reside uma única alma condenada pelo pecado que ousaria dizer: "Busquei o Senhor e Ele não me ouviu, confiei em Cristo e Ele não me salvou, implorei pela promessa, mas não se cumpriu". Não, nunca ocorrerá; porque Deus é verdadeiro, ninguém que crê perecerá. Aqui está a promessa: "O que vem a mim de maneira nenhuma o lançarei fora" (João 6:37). Feliz é o pregador que tem um evangelho para pregar como o que eu lhes preguei, mas não posso recebê-lo por vocês. Posso levar o cavalo para a água, mas não o posso obrigar a beber. Deus tem de fazer isso. Oh, que Ele os leve a receber a salvação eterna por Jesus Cristo, para a glória de seu nome. Amém.

5

O GRANDE CÁRCERE, E COMO SAIR DELE

Mas a Escritura encerrou tudo debaixo do pecado, para que a promessa pela fé em Jesus Cristo fosse dada aos crentes.
GÁLATAS 3:22

EM TODOS os trabalhos que empreendemos, é muito importante que atuemos com base em princípios corretos; pois, se nos enganarmos sobre pontos essenciais, os nossos esforços serão desperdiçados, uma vez que o êxito não pode ser o resultado. Uma pessoa pode estudar as estrelas o quanto quiser, mas certamente não chegará a conclusões corretas se calcular seus cursos com base na teoria de que elas giram diariamente em torno da Terra como um centro. Os alquimistas eram intensamente ardorosos, mas o objetivo de sua busca era inatingível, e as teorias que guiavam suas investigações eram absurdas e, portanto, exibiam um triste espetáculo de perseverança mal aplicado e trabalho jogado fora. Na mecânica, o mais engenhoso inventor falhará se esquecer a lei da gravidade. Você deve seguir os princípios corretos, ou a decepção lhe espera. Se alguém em Londres acreditasse que chegaria à cidade de York[1] viajando rapidamente para o sul, certamente falharia, embora tivesse um expresso especial ligado ao seu vagão. Se alguém tivesse a opinião sincera de que, ao beber um veneno forte recuperaria a saúde, seus amigos e sua família teriam de lamentar sua obsessão depois de sua morte. A seriedade de sua crença não alterará o fato; os princípios que tornam a droga mortal tão assassina não cederão porque alguém foi sincero, mas certamente morrerá por sua obstinação. Ora, a maior questão de preocupação para qualquer um de nós é a salvação eterna de nossas almas. Precisamos ser salvos, e, de acordo com as Escrituras da verdade, há apenas um caminho de salvação; mas esse caminho não está em alta entre os seres humanos. O grande princípio popular, popular em todo o mundo, não importa se o povo é protestante ou católico, parses[2] ou muçulmanos, bramanista[3] ou budista, é a autossalvação — de que eles alcançariam a vida eterna por mérito. Existem diferenças quanto ao que deve ser feito, mas o grande princípio universal do ser humano não regenerado é que ele deve, de uma forma ou de outra, salvar-se a si mesmo. Esse é o seu princípio; e quanto mais ele persiste em seu intento, menos provável é que ele seja salvo. O meu objetivo esta manhã é apresentar-lhes o tão vilipendiado princípio que Deus revelou como o único verdadeiro, a saber, a salvação pela graça de Deus, através de Jesus Cristo, pela simples fé em seu Filho. Pregamos, por ordem de Deus, o caminho da salvação pela misericórdia, não pelo mérito; pela fé, não pelas obras; pela graça, não pelos esforços

---

[1] Cidade histórica localiza no condado de Yorkshire, região nordeste da Inglaterra.
[2] Parses ou pársis são um grupo étnico-religioso na Índia, seguidores do zoroastrismo, uma religião dualista originária na Pérsia antiga, atual Irã. (N.R.)
[3] Adepto de uma antiga tradição religiosa indiana, o bramanismo, que se baseia na crença em um ser supremo chamado "Brama" e inclui uma vasta gama de práticas espirituais, rituais e textos sagrados. (N.R.)

humanos. Que Deus nos ajude a estabelecer esse princípio, para que muitos o aceitem. Não é de nenhum interesse meu que o estilo agrade aos ouvidos, entretanto, desejo alcançar o coração de vocês. Quero que vocês recebam o único método seguro de salvação, e oro ao Espírito Santo para que batize minhas palavras em seu próprio fogo de poder, para fazê-las queimar até que chegue aos corações, e assim possa subjugá-los à obediência da fé.

O texto divide-se em duas partes, mas o meu sermão não termina aí, pois tentarei fazer cumprir suas grandes verdades. Falaremos de uma só vez sobre dois aspectos. O primeiro é um cárcere lotado — "Mas a Escritura encerrou tudo debaixo do pecado"; e a segunda é uma libertação gloriosa desse cárcere — "para que a promessa pela fé em Jesus Cristo fosse dada aos crentes" (Gálatas 3:22). Depois disso, tentaremos mostrar quão excelente é o plano que Deus delineou — o plano de libertação do pecado pela promessa de fé em Cristo Jesus.

I

Eis o cárcere lotado — "Mas a Escritura encerrou tudo debaixo do pecado". O carcereiro é a Escritura — uma autoridade legítima, pois a Escritura não é a palavra do ser humano, mas do Espírito de Deus. Se alguém rejeita a Escritura, tenho pouco a dizer-lhe neste momento, pois estou falando principalmente àqueles que aceitam a Bíblia como tendo sido escrita por um cálamo[4] indefectível. Se, pois, as Escrituras, que você admite terem sido escritas por Deus agrilhoam-nos no pecado, você está encerrado por uma autoridade legítima, contra a qual você não pode se rebelar. Deus fez isso; a própria voz de Deus declarou que você é um prisioneiro sob o jugo do pecado. Nenhuma autoridade é mais poderosa

---

[4] Antigo instrumento feito de cana ou junco afinado na ponta usado para escrever em tábuas e pergaminhos.

do que a das Escrituras, pois não é apenas verdadeira, mas tem força para sustentar a verdade. Onde está a Palavra do Senhor, há poder; a Escritura, quando chega ao coração, como um martelo o despedaça e como um fogo queima o seu caminho. Não precisamos ficar alarmados quando somos julgados pelas pessoas, porém, a voz do Senhor está repleta de terrível majestade e sensibiliza o próprio espírito que ela condena.

Contudo, como a Escritura encerra todos sob o jugo do pecado? Respondo: em primeiro lugar, que foi bem observado por Martinho Lutero, que as próprias promessas das Escrituras encerram toda a humanidade sob o jugo do pecado. Para começar com a primeira — aquela estrela da manhã da promessa que brilhou sobre este mundo quando nossos pais deixaram as portas do arruinado Éden — "e a [...] semente [da mulher] te ferirá a cabeça" (Gênesis 3:15). Uma vez que tal promessa era necessária, é claro que a bênção somente poderia vir aos seres humanos através do Redentor, a semente da mulher, para que, no caso de todos, a cabeça da serpente fosse esmagada, ou eles permanecessem sob seu domínio. Quando uma bênção é prometida, devia haver uma necessidade dela; onde um libertador é predito, devia haver uma necessidade dele. Se uma bênção pudesse chegar aos seres humanos por causa do mérito, ou por meio natural, não haveria necessidade de uma promessa; uma promessa implica uma necessidade, e a primeira promessa de libertação, pela semente da mulher, do poder da serpente, implica que os seres humanos estavam sob esse poder maligno.

A promessa da graça é clara na aliança com Noé, na qual o Senhor declarou que não mais destruiria a terra com um dilúvio. Se a raça humana fosse santa, Deus não a teria destruído com um dilúvio, pois teria violado a própria justiça destruindo uma raça inocente. Para uma raça pura não poderia haver necessidade de uma aliança de preservação, pois não haveria razão concebível para a destruição de inocentes. A própria realização de uma aliança de que a terra não deveria ser novamente varrida por um dilúvio avassalador implica que, se não houvesse uma aliança tão graciosa, a terra poderia ter sido rigorosamente destruída a qualquer momento. O lindo arco-íris, embora nos lembre de modo tranquilo da fidelidade divina, é também um memorial daquela depravação universal de nossa raça, que exigia uma aliança de graça para permanecer como uma barreira para nossa proteção, para que a justa ira de Deus não irrompesse sobre nós.

A aliança ainda mais explícita que Deus fez com Abraão mostra claramente que os seres humanos estão encerrados sob o jugo do pecado, porque é assim: "E em tua semente serão benditas todas as nações da terra" (Gênesis 22:18), provando que as nações não estavam originalmente em um estado abençoado, e apenas poderiam ser abençoadas através da semente prometida. Se algumas das nações já fossem abençoadas, ou pudessem ser abençoadas por suas obras, então as palavras da promessa não seriam verdadeiras. A bênção da aliança chega às nações apenas por meio de Jesus Cristo, a semente, e, consequentemente, é claro que as nações careciam de uma bênção.

O fato é que a própria existência do evangelho, e suas provisões de graça, perdão, e assim por diante, a concepção de um Salvador, sua morte sobre o madeiro, e sua intercessão no céu, todos estes elementos provam que as pessoas foram encerradas sob o pecado. Se não tivessem sido assim, por que a necessidade de você, o calvário? Por que a necessidade das tuas cinco chagas, ó Filho de Deus? Certamente todo esse vasto mecanismo de redenção é absurdo se as pessoas não forem escravas; esse maravilhoso enchimento de uma fonte de sangue é uma vã inutilidade se as pessoas não forem imundas. De modo que a própria Escritura que resplandece vida para os seres humanos traz dentro de si provas convincentes de que as pessoas, à parte da graça de Deus, estão encerradas sob o pecado.

Não tenho dúvidas de que o apóstolo aludiu mais imediatamente àquela parte da Escritura que trata da lei. Voltem-se, peço-lhes, ao capítulo vinte de Êxodo, o qual espero que guardem na memória. Permitam-me que lhes peça para ler esses Dez Mandamentos com profunda solenidade e vejam se eles não os encerram sob o pecado. Quem pode lê-los e depois dizer: "Estou livre de tudo isso"? Os Dez Mandamentos nos rodeiam por todos os lados e abrangem todas as ações do corpo, da alma e do espírito, compreendendo sob sua jurisdição toda a gama de ações morais; eles nos mantêm sob fogo sob todas as perspectivas, e em nenhum lugar estamos fora de alcance. Esses dez preceitos são condensados em dois preceitos abrangentes: "Amarás ao Senhor, teu Deus, de todo o teu coração, e de toda a tua alma, e de todas as tuas forças, e de todo o teu entendimento e ao teu próximo como a ti mesmo" (Lucas 10:27). Podem ouvir esses dois preceitos, que são a essência dos dez, sem sentir que, de fato, não amaram a Deus com todo o coração, alma, mente e força, mas muito longe disso; e que não amaram, de fato, o próximo como a si mesmos, mas se desviam deles? Alguém que consiga ler a lei e não tremer, não estando ele em Cristo, deve estar morto em seu pecado; ele é totalmente ignorante do significado da lei, ou então ele endureceu seu coração contra sua tremenda importância. A consciência, uma vez suscitada, sabe que a lei amaldiçoa cada um de nós, sem exceção, porque nós a violamos.

A lei dada no Sinai faz isso; e lembremos que a lei repetida pelo comando mosaico sobre os montes Ebal e Gerizim (Deuteronômio 27:12--13), no momento da entrada de Israel na terra santa, não é menos manifestada do que os trovões do monte que não podem ser tocados. Leia a passagem em Deuteronômio 27:26. Talvez de todos os versículos da Palavra de Deus, este seja o mais arrebatador e absolutamente esmagador das esperanças hipócritas. "Maldito aquele que não confirmar as palavras desta lei, não as cumprindo! E todo o povo dirá: Amém!" (Deuteronômio 27:26), o qual o apóstolo cita de outra forma: "Maldito todo aquele que não permanecer em todas as coisas que estão escritas no livro da lei, para fazê-las" (Gálatas 3:10). A lei ruge como um leão sobre nós nessa sentença. Se houver em qualquer um de nós uma única violação do mandamento de Deus, somos amaldiçoados por Ele; se em qualquer momento da vida, em qualquer medida ou grau, em ação, palavra ou pensamento, por omissão ou comissão, divergimos da perfeição absoluta, somos amaldiçoados. Tal é a declaração do próprio Deus, pela boca de seu servo Moisés, no livro de Deuteronômio. Não há exceção alguma; todos os pecados estão incluídos nele, e todos nós estamos incluídos: "Maldito todo aquele que não permanecer em todas as coisas que estão escritas no livro da lei, para fazê-las". Bem diz o nosso texto que a Escritura encerrou todos nós sob o pecado.

Não estamos forçando de maneira nenhuma as Escritura, pois tal era o entendimento da lei pelos santos de antigamente. Voltemos a Salmos 143:2, e lembremo-nos, enquanto o cito, que esta não é de forma alguma uma passagem solitária, mas apenas selecionada como uma das muitas. Ali diz Davi: "E não entres em juízo com o teu servo, porque à tua vista não se achará justo nenhum vivente". Davi estava diante de Deus, um homem cujo coração era sincero e verdadeiro, mas não se atreveu a julgar suas obras; e, falando pelo Espírito de Deus como profeta, declarou que, aos olhos de Deus, ninguém poderia estar livre da culpa.

E ainda mais, irmãos, a lei de Deus nos aprisiona, não apenas como esta foi entregue do Sinai, como foi repetida em Gerizim, como foi entendida pelos santos, mas especialmente como foi exposta pelo Salvador. Ele não veio para quebrar os grilhões dessa prisão, nem para remover esse carcereiro de ser seu agente: sua libertação não é pela violência, mas por um processo legal. Ele veio para fortalecer em vez de enfraquecer a lei; pois o que Ele diz sobre isso? Ele não apenas proíbe o adultério, mas expõe o mandamento dizendo: "Qualquer que atentar numa mulher para a cobiçar já em seu coração cometeu adultério com ela" (Mateus 5:28). Ele mostra o que tinha sido tão esquecido pelos judeus, que os mandamentos são espirituais, e que eles chegam infinitamente mais longe do que meras ações externas; que, por exemplo, "não matarás" não significa apenas "não matarás", mas deve ser entendido no sentido dado pelo Senhor Jesus: "Eu, porém, vos digo que qualquer que, sem motivo, se encolerizar contra seu irmão será réu de juízo" (Mateus 5:22). Como os cristãos o entendem, a lei proíbe que façamos qualquer coisa que ponha em risco a vida natural ou espiritual de outrem. Ora, uma vez que a lei deve ser assim compreendida, os seus mandamentos são muito amplos. Uma vez que toca os nossos pensamentos, a nossa imaginação e os nossos desejos fortuitos, quem entre nós pode permanecer diante dela? Na verdade, a lei encerra-nos como em uma terrível bastilha, e cada um de nós é prisioneiro do pecado.

Aqui será o momento de dizermos que não apenas as Escrituras da promessa e as Escrituras da lei nos aprisionam, mas também todas as Escrituras da antiga lei cerimonial dos judeus. "Oh, como isso possível?", vocês podem dizer. E eu respondo: "Quando o anjo destruidor atravessou o Egito naquela noite inesquecível, nenhum homem, mulher ou criança foi salva, exceto por meio da aspersão do sangue sobre os umbrais das portas e a verga das casas onde moravam". O que isso significou? Ora, que estavam todos sob o pecado; e se não fosse pelo sangue, o mesmo anjo que feriu o primogênito do Egito deveria ferir a cada um deles, o povo de Deus, assim como eram, pois estavam todos sob o pecado. Quando chegaram ao deserto, houve diversos ritos e cerimônias, mas é notável que tudo sob a lei foi aspergido com sangue, porque o povo e tudo o que eles fizeram foram poluídos com o pecado diante de Deus, e precisava ser purificado por uma expiação. Quando um israelita vinha adorar a Deus no tabernáculo, não podia vir sem sacrifício. A expiação pelo pecado era o caminho para Deus — o altar e o cordeiro abatido eram o caminho de aproximação. Deve haver sangue para purificar aquele que se achegava, porque cada um deles era em si mesmo impuro. Notem também que o Santíssimo Lugar no Tabernáculo no deserto estava fechado, e nele ninguém adentrava, exceto o Sumo Sacerdote, e ele fazia isso apenas uma vez por ano; essa foi uma declaração absolutamente solene de Deus: que ninguém estava apto a chegar perto de sua santidade infinita, que cada um, mesmo do povo escolhido, estava tão poluído que um véu teve de ser estabelecido entre ele e Deus; e a única pessoa que se aproximava de tudo devia aproximar-se com sangue aspergido e incenso fumegante, tipificando o sacrifício vindouro do Senhor Jesus. Não havia nada sobre a economia mosaica para dizer ao ser humano: "Você é bom, ou você pode ser bom, e você pode salvar a si mesmo", mas em toda parte a declaração era: "Você se rebelou e não serviu ao Senhor; você não pode chegar perto dele até que você seja purificado pelo sangue do grande sacrifício; Deus não pode aceitá-lo como você é; você está poluído e contaminado". A pecaminosidade de todos é abundantemente ensinada nas Escrituras; na verdade, ela pode ser encontrada em todas as páginas dela.

Falei do carcereiro; agora reparem em seus prisioneiros. "A Escritura encerrou tudo debaixo do pecado" — tudo, tudo. Os pagãos? Sim, pois o primeiro capítulo da Epístola aos Romanos nos diz que, embora eles não tenham a lei escrita de Deus, eles têm o suficiente dela em suas consciências para acusá-los se fizerem algo errado, e todos os pagãos violaram a lei de Deus, pecando contra a luz da natureza. Para nós, que ouvimos essa lei, o "tudo" do texto é muito enfático. No entanto, você me diz que estou sendo muito moralista? Sim, mas você está preso sob o pecado, pois, por mais exteriormente moralista que você tenha sido, você ousaria dizer que jamais pensou no mal de modo a desejá-lo, que você nunca se entregou a imaginações perversas, que nunca falou uma palavra imprudente, que nunca pecou em suas ações? Você ousaria dizer que amou a Deus com todo o seu coração, com toda a sua alma e com todas as suas forças, ou que sempre amou o próximo como a si mesmo? Meu amigo, você, que é tão justo quando olha no espelho de sua própria autoglorificação, se pudesses ver a si mesmo como Deus o vê, descobriria que você é leproso da cabeça aos pés; os seus pecados são abundantes e repugnantes, embora não os perceba. E isso é verdade para os mais religiosos, aqueles que estão se apoiando em suas observâncias externas. Oraram todas as noites e manhãs desde que eram crianças; nunca se ausentaram das assembleias de culto; participaram do batismo, da ceia do Senhor e das demais coisas. Ah, senhores, mas a lei não leva em conta isso; se você não manteve os Dez Mandamentos perfeitamente, a lei não aceita cerimônias como recompensa. Deus exige de suas criaturas que obedeçam completamente à sua lei, sem falhas, e um pecado de omissão ou comissão derrubará aquela terrível sentença que já citei: "Maldito todo aquele que não permanecer em todas as coisas que estão escritas no livro da lei, para fazê-las" (Gálatas 3:10). Religiosos ou não religiosos, a lei, quando violada, aprisiona a todos na mesma prisão.

Agora, observem por um minuto o cenário da própria prisão. É algo de que não podemos escapar com os nossos próprios esforços. Irmãos, se dissermos: "Nunca mais pecaremos", então, certamente pecaremos; e mesmo que nunca mais pequemos, isso não faria expiação por ofensas passadas. Suponhamos que devêssemos decidir, a partir de agora, que sofreríamos mortificações corporais e tristeza de coração para fazer expiação pelo pecado, isso seria inútil, pois a lei nada diz acerca de arrependimento. Quando alguém infringe a lei, ele deve ser punido por isso; não há espaço para o arrependimento sob a lei, e o resultado certo de estarmos presos na prisão da lei, sem a graça de Deus, é sermos levados dessa prisão para a execução e sermos destruídos para sempre pela ira de Deus. Essa é a prisão do texto; esse é o carcereiro e os seus prisioneiros.

II

É nossa grande felicidade saber que não estamos aprisionados dessa forma com a perspectiva de nossa desesperançosa destruição, mas para que a graça de Deus venha até nós, e por isso temos de falar sobre *a libertação gloriosa desta prisão*. A libertação da prisão de que tenho de falar é evidentemente daqueles que estão encarcerados.

> Mas a Escritura encerrou tudo debaixo do pecado, para que a promessa pela fé em Jesus Cristo fosse dada aos crentes (Gálatas 3:22).

Cristo veio a este mundo para salvar aqueles que violaram a lei, aqueles a quem a lei amaldiçoa, e aqueles que não têm qualquer meio de escapar da maldição, a menos que Jesus abra o caminho. Ele não veio para salvar os justos. Se houver alguém entre vocês que não creia que está encerrado sob a prisão da lei, não tenho evangelho algum para lhe pregar. Por que enviar um médico a alguém que não está doente? E por que oferecer esmolas a alguém que não é pobre? Se vocês conseguirem salvar-se com as suas obras, vão e façam, tolos que são, pois é mais fácil que bebam o Atlântico até secá-lo. Se vocês acreditam na autossalvação, não tenho esperança de fazer-lhes qualquer bem até que vocês estejam exauridos de suas próprias forças. Quando vocês estiverem fracos, doentes e prontos para morrer, então estarão dispostos a aceitar a graciosa salvação de Cristo. Mas lembrem-se, Cristo veio para salvar os ímpios; somente os culpados são objeto de misericórdia.

O Senhor Jesus Cristo veio trazer a todos os que nele creem uma libertação completa da escravidão da lei. O homem que crê em Jesus é perdoado; quando crê, todas as suas transgressões são apagadas e, a partir desse momento, ele é justo aos olhos de Deus.

> Sendo, pois, justificados pela fé, temos paz com Deus por nosso Senhor Jesus Cristo (Romanos 5:1).

Ao acreditarem, tornam-se imediatamente filhos de Deus, filhos do Altíssimo, e uma vez que Deus nunca rejeitará seus filhos, nem rejeitará aqueles a quem amou; eis então a pessoa salva, e salva eternamente. Aquele que era um escravo antes, e merecia o açoite, e o sentiu; tal pessoa agora é um filho, e não está mais sob a lei, mas sob a graça. O princípio que o guia agora não é "faça isto e viverás", mas isto — "sou salvo, e agora amo servir ao meu Deus". Uma vez que tal pessoa não trabalha por remuneração e tampouco espera ganhar uma recompensa por mérito, ela é salva e tem tudo o que precisa; pois Cristo é dela e Cristo é tudo. Um princípio superior arde em seu âmago em vez de gloriar-se na autossalvação, ela ama a Deus e não é mais egoísta.

Observe que essa libertação da prisão chega aos seres humanos por meio de promessa. É a salvação segundo a promessa. A promessa é dada, diz o texto. Pois, se alguém é salvo no plano bíblico de salvação, não é o resultado de qualquer coisa que ele fez, ele nunca mereceu, não é o resultado de um trato entre ele e Deus. Não, o Senhor diz livremente: "Apagarei os seus pecados; aceitarei você; ouvirei a sua oração; salvarei você". Ele faz isso, porque escolhe fazê-lo, por sua própria soberana boa vontade e prazer.

> Terei misericórdia de quem eu tiver misericórdia e me compadecerei de quem me compadecer (Êxodo 33:19).

> Assim, pois, isto não depende do que quer, nem do que corre, mas de Deus, que se compadece (Romanos 9:16).

A promessa não é feita em vista das obras, mas apenas em vista da fé. É "a promessa de fé por Cristo Jesus". Se Deus tivesse feito sua promessa pondo como condição uma certa medida de santidade, ou uma certa dose de sentimento, então, irmãos, poderíamos nos desesperar; mas a promessa se dá pela fé. Se você crê, será salvo. Pobre meretriz, se você crê, você é salva; ladrão, assassino, o mais vil dos desgraçados, por mais longe que você tenha ido, se você crê em Jesus Cristo, perdoadas estão as suas transgressões, e você é filho de Deus. É a seu crer, não seu agir; seu confiar, seu depender de Cristo, não as suas orações, lágrimas, pregações, ouvir sermões ou qualquer outra coisa que você possa fazer, ser ou sentir. Você é salvo renunciando inteiramente a si mesmo e dependendo inteiramente daquele a quem Deus estabeleceu que fosse feito propiciação, a saber, o Redentor crucificado.

Observem que a fé mencionada no texto é a fé em Cristo Jesus. Não deve ser fé em si mesmo, tampouco fé em um sacerdote, fé em sacramentos, fé em um conjunto de doutrinas; a promessa é a fé em Cristo Jesus: isto é, vocês devem acreditar que Cristo, o Filho de Deus, veio à terra e se tornou um homem, levou seus pecados sobre seus ombros, levou-os até o madeiro, e sofreu o que era devido pelo pecado dos seres humanos em sua própria pessoa na cruz; e você deve entregar-se a Ele, a Ele plenamente, a Ele somente, e com todo o seu coração; e se você fizer isso, a promessa é dada em vista da fé em Cristo Jesus, e isso lhe será cumprido, e você será abençoado e salvo.

Essa promessa de fé em Cristo Jesus é dada a todos os que creem, fracos e fortes, jovens e idosos. Caro amigo, se você apenas acreditou em Jesus durante o presente culto, você tão certamente receberá salvação como se fosse um cristão há cinquenta anos; pois, se você acreditou em Jesus assim que a última palavra escapou de meus lábios, ainda assim sua fé o salvou. Vá em paz. A fé é o que é vital.

"Mas deve haver obras que devem seguir", diz alguém. Irmão, haverá obras a seguir. Nunca houve uma fé verdadeira que não produzisse obras; mas as obras não nos salvam: apenas a fé salva. Como é forte o apóstolo Paulo acerca dessa questão! Observe cuidadosamente a Epístola aos Romanos e a Epístola aos Gálatas, e você verá que elas descem como um martelo a vapor sobre toda noção de salvação por nossas próprias ações. Nenhum raciocínio poderia ser mais convincente, nenhuma expressão mais clara. "Não vem das obras, para que ninguém se glorie" (Efésio 2:9), diz o apóstolo; e ele diz novamente: "Se é por graça, já não é pelas obras; de outra maneira, a graça já não é graça" (Romanos 11:6). Mas se é pelas obras, então não é mais por graça; caso contrário, as obras não são mais obras. Ele quer que sejamos salvos como pobres pecadores pela graça soberana de Deus, pela fé em Cristo Jesus, e não por obras, ou rituais, ou cerimônias, ou qualquer coisa que seja de nossa própria autoria.

Ora, há o plano de salvação. Coloco-a diante de vocês e rogo por meio de Jesus Cristo para que muitos a recebam, pois não se trata de uma questão de opinião humana, mas de ordenança divina. Não estou estabelecendo o dogma de uma seita; estou pregando a vocês a própria verdade de Deus. Se houver salvação por qualquer outro caminho que não seja por Jesus Cristo, eu sou um falso profeta entre vocês, e esta Bíblia também é falsa; mas se houver salvação para os que creem em Jesus, sou um homem salvo, e todos vocês que acreditaram em Jesus também são salvos, efetiva e eternamente salvos.

Tendo assim falado sobre o próprio texto, desejo dizer algumas coisas sobre o assunto em geral. Levantam-se continuamente objeções a este plano de salvação. O plano de salvação do mundo é "fazer"; o plano bíblico de salvação é "tudo está feito, aceite-o como um dom gratuito". O caminho do evangelho para a salvação é que Cristo salvou o seu povo, e todos quantos confiam nele são o seu povo, e são salvos. Basta pensar por um minuto: não é este caminho de salvação que temos pregado a você, o único que seria adequado para todos os tipos e condições de pessoas? Caro senhor, você mesmo pode ser um homem de excelente disposição e de hábitos admiráveis; suponho que a salvação a ser pregada por nós foi exatamente tal que seria adequada para uma pessoa como você acredita ser; isso não seria uma coisa muito infeliz para muitos outros? Não estão vivendo, dentro de sua própria percepção, muitas pessoas que estão muito abaixo de você em caráter moral? Você, por acaso, não conhece multidões inteiras de seus semelhantes cuja vida exterior está totalmente contaminada? Alguns deles estão conscientes da sua degradação e, de bom grado, sairiam dela: você as deixaria em desespero? Um caminho de salvação adequado para os justos, é claro, não lhes convém: devem eles ser negligenciados? Você gostaria que a salvação fosse alcançada por meio de um teste como um lugar no funcionalismo público, e apenas os autorizados a passar são aqueles tão bons como o senhor? Estão todos eles abaixo do seu nível e devem perecer? Estou falando com você em seu próprio âmbito, e tenho certeza de que você ama seus semelhantes o suficiente para dizer: "Não, que o plano de salvação seja tal que salve o mais reprovado dos seres humanos". Então, pergunto-lhe, que plano poderia haver senão este, que Deus perdoa livremente, por amor de Cristo, até os maiores infratores, se eles se voltarem para Ele e depositarem a sua confiança no seu amado Filho? Temos aqui um evangelho que atinge as profundezas e salva cabalmente.

Contudo, vou apresentar outro argumento. Qualquer salvação diferente da que preguei serviria a alguém? Ó caro senhor, será que alguma outra lhe serviria no fim das contas? Admito e admiro suas excelências; gostaria que todos fossem como você, em vez de dissolutos e depravados; mas, senhor, você pode realmente sentar-se na quietude de seu quarto e, como um homem pensativo, pesar seu próprio caráter na balança e dizer que é tão perfeito que poderia morrer com ele em perfeita paz e ficar diante de seu Criador destemidamente? Estou certo de que não é assim. É muito notável que algumas pessoas que foram extremamente morais nunca tenham visto sua pecaminosidade até estarem nas fronteiras da sepultura, e então tiveram consciência da eternidade e se abominaram em pó e cinzas. Ouvi falar de alguns que, no momento exato do perigo iminente de morte por afogamento, viram, ao se afogar, todo o panorama da sua vida passar diante de seus olhos, e viram, como nunca viram antes, a natureza maligna daquilo que antes consideravam tão excelente: depois disseram: "Devo ser salvo pelos méritos de Jesus; não posso ser salvo pelos meus". Meu caro amigo, seja quem for, não estou prestes a condená-lo, mas devo crer na palavra de Deus antes de crer na sua avaliação de si mesmo; e como a palavra de Deus declarou que você pecou e está condenado, estou certo de que para você, bem como para o resto de seus semelhantes, não há nenhum plano de salvação disponível, a não ser o da salvação pela livre misericórdia de Deus, através de Jesus Cristo, seu Filho.

Agora, observem algumas das belezas do plano de salvação pela fé em Jesus Cristo. Ela impede que os seres humanos tenham pensamentos vilipendiosos acerca do pecado, porque se alguém diz: "Eu não guardei esta lei de Deus perfeitamente, mas ainda assim fiz muito bem, e quaisquer erros que cometi são pequenos pecados; Deus é misericordioso e Ele os eliminará" — fica claro que tal acredita na autossalvação. É um pensamento sempre ligado a questões rasas sobre o pecado. Alguém sabe que pecou, mas faz pouco caso do errado; não pode acreditar que o pecado seja um mal tão grande que as pessoas sejam lançadas no inferno por isso. Ele resiste à doutrina da condenação, não acredita que ela é justa, porque ele não compreende e não admitirá que o pecado é um grande e tremendo mal. Enquanto a ideia de autossalvação existir, o pecado é considerado levianamente; mas, quando vemos que o pecado não poderia ser posto de lado até que o próprio Deus encarnado fosse pendurado sobre o madeiro e sangrasse até a morte em favor dos seres humanos, então vemos o pecado como realmente é e o detestamos como uma coisa mortal, e com nossa alegria pela culpa perdoada, misturamos a aversão ao pecado que exigia tal sacrifício expiatório.

O plano de salvação pela graça tem essa beleza, que dá às pessoas pensamentos elevados de Deus. No outro sistema, a ideia que as pessoas têm de Deus é que Ele se parece muito com os seres humanos. Veja o Deus católico. Ele se agrada de velas e se deleita em incenso; Ele é um Deus que gosta de ostentação e futilidades, vestimentas azuis e escarlates, e bonecos vestidos e flores em seus altares. Eu não sei que tipo de Deus chamá-lo. No entanto, essa é a noção que eles têm dele. Eles tentam salvar a si mesmos, e rebaixam Deus ao seu padrão; e todo aquele que é um autossalvador, mesmo que seja um protestante, reduz Deus de alguma maneira. Ele imagina que Deus aceitará algo aquém da perfeição. Cada um tem um padrão diferente. Aquele velho senhor avarento — o seu padrão é que ele vai construir uma fileira de abrigos para os pobres com as sobras mofadas de suas economias, e que isso irá contentar o Altíssimo. Outro diz: "Nunca abro a minha loja em um domingo". Talvez ele trapaceie o suficiente na segunda-feira para compensar isso, mas o descanso de domingo servirá para o seu Deus. Outro, que está vivendo uma vida perversa em particular, acredita nas doutrinas da graça, e isso satisfará seu Deus. Entretanto, aquele que é salvo pela graça de Deus diz: "Meu Deus é infinitamente justo; nada o satisfará a não ser uma justiça perfeita; como Legislador moral, Ele não deixará o pecado de lado até que tenha punido aquele que ficou no lugar do pecador. Ele é tão amoroso que deu seu Filho; Ele é tão justo que matou seu Filho em meu lugar". Todos os atributos divinos resplandecem com esplendor diante dos olhos daquele que é salvo pela fé, e é levado à reverência e à adoração.

O caminho da salvação pela graça, amados, é o melhor promotor da santidade em todo o mundo. "Olha, diz você, eu fui ouvir Spurgeon no Tabernáculo esta manhã, e ele estava clamando contra a salvação por boas obras. É claro que os piores resultados virão de tal ensino". Ah, essa tem sido a ladainha repetida desde o início, pois a salvação pela graça promove boas obras muito melhor do que o ensino da salvação pelas obras jamais fez, pois aqueles que esperam ser salvos por suas obras geralmente têm obras muito escassas para que possam ser salvos, e aqueles que colocam as obras de lado como um campo de esperança, e olham apenas para a graça, são as mesmas pessoas que são mais zelosas para realizar boas obras, e vou dizer-lhe o porquê. Quem mais amou a Cristo na festa dos fariseus? Simão, o fariseu, que guardara a lei? Ah! não; ele deveria ser salvo por suas ações, e ainda assim Cristo disse-lhe: "Não me deste água para os pés [...]. Não me deste ósculo" (Lucas 7:44,45). Simão não amava o Mestre. Ele fez o que fez porque achava que deveria fazê-lo e teve de fazê-lo; mas havia uma pobre mulher lá que era pecadora, e ela havia sido muito perdoada, e foi ela que lavou pés os pés de Jesus com suas lágrimas e os enxugou com os cabelos de sua cabeça. Simão mostra como os hipócritas amam o Salvador: nem sequer lhe lavam os pés nem lhe beijam o rosto; mas aqueles que são salvos pela graça amam Jesus e, portanto, beijam-lhe os pés e banham-nos com as suas lágrimas, e de bom grado dariam a sua vida por Ele.

A lei! Não há poder para a santidade na lei! A lei leva o nosso espírito à rebelião, mas o amor tem encanto em si mesmo. Será que Deus me perdoou? Será que Cristo morreu mesmo por mim? Sou eu um filho de Deus? Será que Ele me perdoou, não por causa de qualquer coisa que eu tenha feito, mas apenas porque Ele o faria, por amor à minha pobre alma culpada? "Ó Deus, amo-te. Que queres que eu te faça?". Assim fala aquele que vai realizar boas obras, garanto-lhe, meu caro; ele trilhará um caminho que odiará qualquer ideia de que ele pode merecer qualquer coisa de Deus. Ele é a pessoa que se entregará, enquanto viver, pela honra daquele querido Senhor e Mestre por cujo precioso sangue foi redimido. A lei não me fornece um princípio que constrange, mas o evangelho sim. A lei trata-me como um mero trabalhador assalariado, e um assalariado nunca pode servir com o zelo que nasce do amor. Quando há um lugar melhor, que paga o dobro do salário, naturalmente, o empregado deixará a sua casa, mas um filho jamais o fará. Você não dá salário ao seu filho e não o vincula por meio de contratos ou acordos. Ele o ama, e o que pode sentir de seu amor leva-o a uma terna obediência, e o que ele faz é duplamente doce a você.

Missionários e mártires agiram e suportaram por amor o que a lei não lhes poderia ter forçado a fazer. Oh, sim, a doutrina da salvação pela graça, ensinando as pessoas a amar, transforma-as e faz delas novas criaturas. Já o vi centenas de vezes. Há alguns aqui, mas não falarei deles, mas de casos paralelos aos deles. Eles foram a um lugar de culto, e ouviram a pregação sobre o seu dever, e leram a Bíblia, e pensaram que tudo girava em torno dos próprios esforços que lhes eram exigidos, mas em momento algum sentiram alguma obediência de coração, algum amor a Cristo, e alguma alegria em Deus. Contudo, essas mesmas pessoas ouviram o evangelho, e descobriram que não há nada a fazer, que Jesus Cristo tinha feito tudo, que o pecado fora removido por meio de sua morte, e a justiça fora operada; e eles apenas se apropriaram do que Deus lhes apresentou, e creram em Jesus e foram salvos, e a partir desse momento a diferença tem sido evidente. Eles clamaram: "Nunca senti nenhum amor por Deus antes, mas agora sinto. Eu o amo de toda a minha alma pelo que Ele fez por mim". Você os ouve dizer: "Eu costumava ir à casa de Deus por uma questão de obrigação, e eu poderia muito bem nem mesmo estar lá, pois não era um prazer para mim; mas agora vou por uma questão de privilégio, e levo o meu coração comigo e canto louvores a Deus com toda a minha alma, porque Ele fez muito por mim". Essas pessoas dirão que, enquanto resolveram ser boas, abandonar o vício e praticar a virtude, nunca o fizeram até crerem em Jesus, e quando creram nele, o amor a Ele facilitou a ação servil, e tornou o pecado odioso, e eles se tornaram novas criaturas em Cristo Jesus, pelo poder do Espírito. Eis aí a essência de tudo isso. Se você quer livrar-se da culpa do pecado, deve crer em Jesus; mas igualmente, se você quiser livrar-se das correntes do pecado, da tirania de suas paixões, da dominação de suas concupiscências, deve crer nele; pois do seu lado não flui apenas sangue, mas água — sangue para remover suas infrações, e água para remover as suas tendências ao pecado — para que, doravante, você não sirva ao pecado, nem viva mais nele. Está tudo ali naquele coração trespassado, está tudo ali naquela fonte carmesim, escancarado no madeiro ensanguentado do Calvário. Olhem para Jesus, e serão salvos. Eis que tudo está nesta síntese:

"Há vida ao se olhar para o Crucificado."[5]

Talvez nunca mais tenha oportunidade de pregar este evangelho a alguns de vocês: talvez seja a primeira vez que você o escute, e talvez seja a última. Ó senhores, convido-lhes a aceitá-lo, e que o espírito de Deus os constranja a fazê-lo. Nós nos encontraremos no céu, se assim for; mas se você o rejeitar, você é como alguém que joga fora a única boia salva-vidas que pode mantê-lo vivo no furioso dilúvio; você aparta de si o único remédio debaixo do céu que pode curar sua alma, pois estou afixando

---

[5] Referência a um hino de Amelia Matilda Hull (1812-1844), uma escritora e compositora de hinos. Ela deixou um legado significativo no campo da música sacra.

diante de você o único evangelho que há no mundo. Se alguém pregar qualquer outro evangelho, que seja anátema. Você diz que sou intolerante! Contento-me em ser assim, tal qual o meu Senhor, e Ele me mandou dizer: "Quem crer e for batizado será salvo; mas quem não crer será condenado" (Marcos 16:16). "Mas não posso ser salvo de outra forma?". Não, senhor. "Mas não posso rejeitar impunemente isso que você está pregando?". Não, senhor; é por sua conta e risco e, perante Deus, digo-lhe que vou pregar essa verdade abertamente. Você deve crer em Jesus e, se o rejeitar, que o seu próprio sangue esteja sobre a sua própria cabeça, porque não há outro caminho de salvação. Que o Senhor lhes conceda a salvação, por amor de Jesus. Amém.

6

EXERCITEM O QUE DEUS EFETUOU

Exercitai vossa salvação com temor e tremor.
Pois é Deus quem opera em vós tanto o querer
quanto o realizar, segundo seu beneplácito.
FILIPENSES 2:12-13

OUVI MUITAS vezes essas palavras dirigidas a um público indiscriminado, e sempre me pareceu que, assim, foram desviadas de seu sentido adequado. Essas palavras, tal como estão no Novo Testamento, não contêm nenhuma exortação a todas as pessoas, mas são dirigidas ao povo de Deus. Elas não pretendem ser uma exortação aos não convertidos; elas são, como as encontramos na epístola, além de qualquer questão dirigida àqueles que já são salvos através de uma fé viva no Senhor Jesus Cristo. Nenhuma evidência se faz necessária nessa afirmação, pois toda a epístola é dirigida aos santos. Ela começa: "A todos os santos em Cristo Jesus que estão em Filipos, com os bispos e diáconos" (Filipenses 1:1); e o versículo diante de nós contém em si provas conclusivas de que Paulo não estava falando aos incrédulos, pois ele chama as pessoas a quem se dirige de "meus amados", e ele diz delas: "Por isso, meus amados, como sempre obedecestes, não somente em minha presença, mas agora mais ainda em minha ausência" (Filipenses 2:12). Ele estava, portanto, escrevendo para pessoas que haviam sido obedientes ao evangelho; mas toda a verdadeira obediência brota da fé salvadora e, portanto, dirigia-se àqueles que, pela fé em Cristo, se haviam tornado obedientes aos mandamentos do evangelho. Àqueles que creem e são obedientes, ele escreve: "Exercitai vossa salvação com temor e tremor". Pode ser correto usar um texto separadamente de tal vinculação, e não me atrevo a censurar aqueles que lidaram com essa passagem, mas nunca é correto tentar extrair doutrina autoritária de um texto fora do contexto e, portanto, nada pode ser retirado do texto que nos é apresentado em referência ao dever ou ao poder dos não convertidos, visto que a partir da relação que têm, isso está unido e vinculado àqueles que são santos em Cristo Jesus, e àqueles que foram e continuam sendo obedientes ao evangelho que Paulo proclamou. Se, por vezes, olhássemos um pouco mais para a relação entre as frases, deveríamos evitar erros muito perigosos. A Bíblia deve ser tratada de acordo com o bom senso, como você faria com qualquer outro livro. Se tomássemos os escritos de qualquer autor, por mais cuidadosamente que ele se expressasse, se escolhêssemos uma frase aqui e uma frase acolá, poderíamos fazer com que o autor dissesse aquilo em que nunca acreditou; ou melhor, fazê-lo ser o defensor de opiniões que ele abomina. Assim é com a Bíblia: se você não prestar atenção à relação e à execução geral da passagem, você perderá a mente do Espírito de Deus e, em vez disso, empurrará sua própria mente para as palavras de Deus ao invés de extrair os pensamentos de Deus das palavras do Espírito Santo. A exortação diante de nós é dada unicamente ao povo de Deus, e sinto que ela é mais do que minha consciência poderia suportar se eu forçasse ela a qualquer outro propósito. A todos os que obedecem ao evangelho, vem esta manhã a palavra do Espírito Santo: "Exercitai vossa salvação com temor e tremor. Pois é Deus quem opera em vós...".

Em certo sentido, a salvação de cada pessoa que crê em Cristo é completa, e completa sem qualquer ação de sua parte, visto que "está consumado" (João 19:30), e estamos completos em Jesus. Observe que há duas partes de nossa salvação, uma completa, a outra ainda incompleta, embora garantida de que será levada à perfeição. A primeira parte de nossa salvação consiste em uma obra feita para nós; a segunda, em uma obra feita em nós. A obra feita para nós é perfeita — ninguém pode lhe acrescentar nada. Jesus Cristo, nosso Senhor, ofereceu uma expiação completa por todas as ofensas de seu povo. Ele tomou o seu povo em união consigo mesmo, e por essa união, eles tornaram-se merecedores de todo o mérito de sua justiça; tornaram-se participantes de sua vida eterna e herdeiros de sua glória. Os santos são, portanto, salvos de forma cabal no que diz respeito à obra substitutiva. Tal era o significado dessas majestosas palavras na morte de nosso Senhor: "Está consumado". Ele deu cabo da transgressão, pôs fim ao pecado e trouxe justiça eterna, e assim aperfeiçoou para sempre os que são escolhidos. Agora, com a obra de Cristo, não podemos interferir; nunca nos é dito que devemos efetuá-la, mas que devemos recebê-la pela fé. A bênção vem "Mas, àquele que não pratica, porém crê naquele que justifica o ímpio" (Romanos 4:5). A justificação não é de modo algum pelo esforço humano, mas pelo dom gratuito de Deus. A segunda parte da salvação consiste em uma obra em nós — esta é a operação de Deus, o Espírito Santo. Tantos quantos foram redimidos pelo sangue de Jesus, renovam-se também no devido tempo no espírito de sua mente. Na regeneração, o Espírito Santo recai sobre uma pessoa e cria nela uma nova natureza; Ele não destrói a velha natureza, que continua a ser combatida e vencida. Embora a natureza que o Espírito implanta seja perfeita em sua espécie e em seu grau, ainda não é perfeita em seu desenvolvimento. É uma semente que precisa se transformar em uma árvore, é uma criança que precisa crescer até à estatura de um ser perfeito. A nova natureza tem nela todos os elementos de toda a perfeição, mas precisa ser expandida, manifestada, para usar as palavras do texto, forjadas com temor e tremor. Deus, tendo-a efetuado pela primeira vez, torna-se, então, tarefa da vida cristã exercitar o princípio interior secreto até que ele penetre todo o sistema, até que supere a velha natureza, até que, de fato, destrua totalmente a corrupção inata e reine supremo sobre todas as partes do ser humano, como fará quando o Senhor nos levar para habitar consigo para sempre. Entenda, então que isso, de modo algum, diz respeito à obra mediadora de Cristo, nem diz respeito de modo algum ao perdão de nossos pecados, ou a justificação de nós mesmos que Paulo fala, mas apenas no que diz respeito à nossa vida espiritual interior. Ele diz disto: "Exercitai vossa salvação com temor e tremor. Pois é Deus quem opera em vós...".

Esta manhã, estou certo de que terei a sua atenção, enquanto observarei, em primeiro lugar, aquilo que deve ser posto em ação: em segundo lugar, o modelo que devemos almejar; em terceiro lugar, o espírito com o qual devemos pôr isso em ação; e, em quarto lugar, o grande encorajamento que é sugerido no texto para tal realização.

I

O que deve ser exercitado é mencionado no texto como "vossa salvação".

Todo cristão deve trabalhar para o bem e para a salvação dos outros. É muito questionável que alguém conheça o próprio Senhor, a menos que deseje estender os limites do reino do Mestre, mas em nenhum caso deve qualquer cristão pensar que ele pode seguramente negligenciar os interesses de sua própria alma. "Exercitai vossa salvação." A sua caridade deve começar em casa. Você deve procurar a disseminação da verdade, mas primeiro deve conhecer a verdade por si próprio, e deve procurar diariamente compreendê-la melhor. Você é obrigado a tentar resgatar aqueles que vagam por esse mundo, mas você deve tomar cuidado para que você mesmo não sucumba, pois por mais altruísta que você possa se tornar — e Deus permita que você obtenha altruísmo sobremaneira — ainda assim é uma lei da natureza, e igualmente uma lei da graça, que você deve cuidar da autopreservação. De fato, se você negligenciar isso, você se tornará totalmente incapaz de fazer alguma coisa para a salvação de outras pessoas. "Exercitai vossa salvação." Ao arar o campo de outro, não permitam que o de vocês fique ocioso; ao apontar a outro o cisco em seus olhos, não permitam que uma viga os cegue. Preguem contra o preguiçoso, mas não deixem que o espinho e o cardo cresçam em seu jardim. Vocês testificam do remédio que Cristo pode dar, mas você, médico, certifique-se de que você está curado. O primeiro trabalho de um cristão deve ser ver que todas as suas graças estão em uma condição vigorosa, que o arrependimento sempre chora por causa do pecado, que a fé sempre olha para a cruz, que a paciência se torna mais forte para carregar sua cruz, que os olhos da esperança são limpos para contemplar a glória vindoura, que à fé acrescentamos coragem, e à coragem, paciência, e à paciência, bondade fraterna, e à bondade fraterna, caridade. Nunca devemos sentar-nos, cruzar os braços e dizer: "O trabalho da minha vida acabou; estou salvo; não tenho peregrinação a fazer à cidade celestial; não faço guerra para expulsar os cananeus". Ó amados, o tempo de descanso virá do outro lado do rio Jordão, mas, por enquanto, cabe a vocês avançarem como o corredor cujo prêmio ainda não conquistou, e assistir como um guerreiro cujo conflito ainda não terminou. A sua própria salvação é a sua primeira preocupação.

O texto fala de exercitar ou pôr em ação "vossa salvação". Ora, aquilo a ser posto em ação é algo que o texto nos diz que está, ao mesmo tempo, efetuado. Podemos seguramente desafiar qualquer um a pôr algo em ação que não é de primeira importância. Deus, nos é dito no segundo versículo do nosso texto, efetua isso em nós, portanto, devemos exercitar do interior para o exterior. Nós pomos em ação, trazemos para fora, retiramos desde o âmago de quem somos para a nossa vida exterior, aquilo que Deus efetua constantemente em nós nos recessos secretos interiores do nosso ser espiritual. Um ímpio não pode fazer nada de bom, pois nada foi efetuado nele. Se ele puser em ação o que está dentro dele, separadamente do que Deus efetuou nele, a mentira naturalmente manifestará o que é de sua própria natureza ou do Diabo: contenda, inveja, assassinato, e uma infinidade de outras coisas. Ponha em ação o coração humano, ponha em ação o que a natureza tem efetuado em seu ser, o que o Diabo tem efetuado, e você porá em ação o criminoso hediondo, ou então o fariseu orgulhoso e hipócrita; mas, cristão, há princípios melhores em você, e você deve cuidar da formação — talvez essa seja a palavra — para exercitar de dentro de sua própria alma o que Deus tem efetuado em você. Você tem fé: ponha-a em ação então, aja como alguém que crê, confie em Deus em sua vida diária. Você possui a semente incorruptível; traga-a para fora então; que toda a sua conduta seja incorruptivelmente pura e celestial. Você professa que o Espírito Santo habita em você, e Ele o faz se você é um cristão; bem, então, que toda a sua conduta seja saturada com a influência sagrada; que seja você a ter uma vida celestial de alguém em quem habita o Senhor do céu. Sejam semelhantes a Cristo, uma vez que o Espírito de Cristo habita em vocês. É isso que deve ser tratado então: trazer para fora, exercitar e desenvolver o tesouro da graça que Deus efetuou em nós.

"*Vossa* salvação", diz o texto, e isso é bastante correto. Santidade é salvação. Não devemos exercitar nossa salvação da culpa do pecado — isso foi feito por Cristo; temos agora de exercitar nossa salvação do domínio do pecado. Deus, de fato, operou isso em nós; Ele quebrou o jugo do pecado em nossos corações; o pecado vive, luta e batalha, mas é destronado, e nossa vida deve significar a derrocada e destronamento contínuos do pecado em nossos membros. Uma pessoa pode ser salva da culpa do pecado e, no entanto, pode não ser totalmente salva do poder do orgulho por enquanto; por exemplo, alguém salvo pode ser contaminado por ser orgulhoso de seus bens, ou orgulhoso de sua posição, ou de seus talentos; agora aquele que crê deve, com temor e tremor, exercitar a sua salvação desse mal terrivelmente intolerável. Alguém pode estar sujeito a uma atitude impaciente e imprudente, e pode estar muitas vezes zangado sem uma causa aparente. Meu irmão, sua salvação do pecado não está completa até que você seja salvo de um temperamento mau; e dia após dia, com resolução solene, você deve exercitar sua salvação a partir desse ponto. Eu poderia elencar aqui qualquer forma de afligir o pecado, ou qualquer uma das tentações que vêm do mundo, da carne e do Diabo, e em cada caso, digo-lhes que se disponham ao trabalho para a salvação de sua escravidão. Nossa missão é lutar continuamente pela libertação do jugo do pecado, lutando sinceramente para que não sejamos agrilhoados por qualquer fraqueza, que não sejamos escravos de qualquer conjectura ou forma das obras do Diabo. Pondo em ação, com veementes esforços a busca de santidade, por toda a nossa libertação do pecado que habita em nós, e do pecado que batalha sem nós: acredito ser essa a grande missão da vida do cristão. Ouvi dizer que o bom escultor, sempre que vê um bloco de mármore adequado, acredita firmemente que há uma estátua escondida dentro dele, e que sua missão é apenas tirar o material supérfluo, e assim desvendar o "objeto da beleza" que será "uma alegria eterna". Cristão, você é aquele bloco de mármore; você foi extraído pela graça divina e separado para o serviço do Mestre, mas não podemos ver a imagem de Cristo em você ainda como desejaríamos. É verdade que existem alguns traços disso, alguns contornos turvos do que deve ser; você deve, com a talhadeira e o martelo, com esforço constante e santa dependência de Deus, desenvolver essa imagem de Cristo em si mesmo, até que seja descoberto por todos como aquele que pertence ao seu Senhor e Mestre. Deus esboçou a imagem do seu Filho em você; no mármore ainda ligeiramente esculpido, Ele o delineou de forma justa, e você tem apenas de continuar a desbastar esses pecados, fraquezas e corrupções, até que a imagem justa do Deus encarnado seja vista por todos. Você é hoje, caro cristão, como a semente de Israel em Canaã. Você não tem de escapar do Egito; você já está livre. Com a mão erguida e com o braço estendido, Deus libertou-o do faraó do seu pecado; você já passou pelo deserto de suas convicções — as serpentes impiedosas e o deserto uivante estão todos subjugados agora; você atravessou o rio; é uma pessoa salva. Jesus, o Josué, está no comando; Ele reina e governa sobre o espírito de vocês. Você não tem de lutar para alcançar a terra — você já está nela — porque nós, que cremos, entramos no descanso. Mas o que você tem de fazer agora? Ora, você tem de estender o reino dentro de si mesmo, derrotando nações de pecados uma após a outra; você tem, no poder do Espírito, de expor suas corrupções diante da luz do sol — para destruir os pecados de forma cabal, e não deixando que nenhum escape, pois Canaã nunca será um lugar de descanso para você até que você tenha expulsado os cananeus, e viverá na terra sem associação com o pecado. Esse é o assunto que, então, você é sinceramente convidado a participar. Que o Espírito Santo lhes conceda a graça de nunca esquecerem isso enquanto viverem.

II

Em segundo lugar, *qual é o modelo que devemos almejar?*

Todo artista requer algum padrão ou ideia em sua mente para o qual ele deve trabalhar. Peço-lhes que remetam ao capítulo propriamente dito. Tomando o texto de acordo com seu contexto, Paulo exortou as pessoas a quem se dirige assim: "Que sintais o mesmo, tendo o mesmo amor, o mesmo ânimo, sentindo uma mesma coisa" (Filipenses 2:2) — as quatro expressões têm a mesma ideia. Paulo quer que todo o povo de Deus seja unânime; quer que pensem da mesma forma — essa é a interpretação precisa do grego — quer que tenham os mesmos pontos de vista, recebam a mesma verdade, lutem pela mesma fé. Ele queria que eles fossem semelhantes tanto no coração quanto na mente. Todos eles devem ser encontrados no mesmo amor, não alguns amando os demais, mas cada um amando a todos, e nem mesmo uma única pessoa desobrigada de tal; cada alma resplandecendo com o fogo sagrado. Ele os tinha unido em cada esforço sagrado, tendo o mesmo ânimo, ou como diz o grego, de uma só alma; como se em vez de cem almas consagradas em cem pessoas, tivessem apenas uma alma encarnada em cem corpos. Ele quer que todo o povo de Deus seja fundido em uma só raça, feito para amarem-se uns aos outros, de fato, com um coração fervorosamente puro. Agora, com isso, podemos dizer se estamos nos tornando tal qual nosso Senhor. Qual é a nossa posição hoje em relação aos nossos colegas cristãos? Se houver conflitos e divisões entre si, vocês são carnais e vivem como pessoas comuns. De onde vêm as discórdias? Não vêm elas das paixões carnais? Irmãos, se não puderem trabalhar com os seus correligionários da fé; se não puderem sentir um amor para com os seus membros fraternos —, pode ser que vocês se sintam justificados ao manterem-se afastados deles — e falando de maneira humana e aos humanos — a sua justificação possa ser boa, mas, tenham a certeza, se estivessem plenamente desenvolvidos na vida divina, teriam paciência suficiente para suportar a fraqueza de um irmão e para ignorar os seus erros; teriam graça suficiente também para superar as suas próprias fraquezas, que podem, afinal, ser a verdadeira causa da discórdia. Irmãos, quando temos opiniões divergentes, um de nós deve estar errado, pois não somos completos em conhecimento. Quando estabelecemos diretrizes divergentes em uma igreja, não podemos ser todos igualmente sábios, por isso, alguns de nós precisam ser mais bem guiados pelo Espírito de Deus. Mas, oh, quando uma igreja marcha como a antiga legião romana, cada um mantendo o passo, e cada guerreiro inspirado como com uma só alma quando via a águia ser trazida para a frente do pelotão, e a seguia para a vitória ou para a morte, então a igreja tem vida e vigor, e somente nesse momento. Agradeço a Deus por termos tido muito disso durante muitos anos, e regozijo-me com isso, mas queremos ainda mais. Há alguns pedaços de metal duro entre nós que não foram fundidos e, portanto, não são essencialmente um com o material como um todo; e oro a Deus, se em qualquer momento começarmos a ser separados no coração um do outro, que o Espírito eterno nos ponha no fogo novamente e nos derreta, que nos lance no mesmo molde; e que Deus envie a mesma unidade a todas as igrejas cristãs.

Filipe Melâncton[1] lamentou em seus dias as discórdias entre os protestantes, e procurou reunir os protestantes por meio de uma parábola de guerra sobre lobos e cães. Os lobos tinham um pouco de medo, pois os cães eram muitos e fortes e, portanto, enviaram um espião para observá-los. Em seu retorno, o olheiro disse: "É verdade que os cães são muitos, mas não há muitos mastins entre eles. Há cães de tantos tipos que dificilmente se pode contá-los; e quanto à maioria deles disse ele, são cães pequenos, que latem alto, mas não podem morder. No entanto, isso não me animou tanto, disse o lobo, do que isso: enquanto eles marchavam, observei que eles estavam todos abocanhando uns aos outros de um extremo ao outro, e pude ver claramente que, embora todos odeiem o lobo, cada cão odeia todos os outros cães de todo o coração". Receio que isso ainda seja verdade, pois há muitos que professam a fé que abocanham uns aos outros de um lado ao outro, seguidores de Jesus também, quando é melhor guardarem os dentes para os lobos. Para que os nossos inimigos sejam confundidos, isso deve acontecer pelos esforços arregimentados de todo o povo de Deus — unidade é força. O Senhor envie pureza e unidade a Sião, e então ai das tuas portas, ó Filisteia! O estandarte do Leão de Judá conduzirá à vitória certa quando as discórdias de Rúben forem curadas, e Efraim deixar de invejar a seu irmão. Cura as nossas divisões, ó Senhor, e assim pisaremos os nossos adversários na tua força.

O próximo versículo nos dá outra regra para orientação em nossa estatuária sagrada, como vou chamá-la; trata-se da humildade.

---

[1] Filipe Melâncton (1497-1560) foi um influente teólogo e humanista alemão durante a Reforma Protestante. Conhecido por sua erudição e habilidades diplomáticas, colaborou com Martinho Lutero na Reforma, ajudando a formular os princípios da fé luterana. Suas obras, como as "Loci Communes" (Tópicos Comuns) tiveram um impacto duradouro na teologia protestante.

> Nada façais por contenda ou por vanglória, mas por humildade; cada um considere os outros superiores a si mesmo (Filipenses 2:3).

Falemos sobre grandes obras que foram alcançadas por engenheiros: pontes sobre os desfiladeiros, montanhas perfuradas – porém aqui está uma obra muito mais tremenda, na qual ninguém se aventuraria, não fosse pelo encorajamento que Deus já nele operado. Nada deve ser feito por desavenças. Quanto do serviço religioso, porém, é realizado do começo ou fim em desavenças? Às vezes, um grupo procurará crescer apenas para se tornar maior e mais influente do que outro. Será que os professores da escola dominical nunca tentam dar boas aulas e obter conversões para que possam ser mais honrados do que os outros? Isso nunca entra na sala de aula? Os pregadores de rua nunca desejam pregar melhor do que os outros para que possam ganhar mais aplausos? Sei disso por experiência própria: que o espírito de desavença pode facilmente chegar ao púlpito, e que o ministro pode estar tentando superar o seu próximo quando pensa estar cheio de zelo por Deus. O Diabo teve um dedo na construção de muitos locais de culto. As pessoas tiveram desavenças umas contra as outras, e depois se separaram e construíram uma nova igrejinha, imaginando que tudo foi para a glória de Deus. Enquanto isso, o Diabo sentiu que foi para sua glória, e ele se regozijou nisso. Sempre que sirvo a Deus por qualquer motivo de rivalidade ou desavença, no fim, provo a mim mesmo que não pus em ação minha salvação devido a um mau desejo, e preciso temer e tremer, começar de novo e trabalhar diligentemente até que o espírito de orgulho seja expulso de minha alma. "Novamente, [que] nada façais por [...] vanglória". Oh! quanto é feito por vanglória! Quantas pessoas se vestem por vanglória! O pensamento é de superioridade: "Essa roupa me deixa bonito?". Quantos contribuem à causa de Deus por vanglória, para que pareçam generosos! Quantas vezes um pregador refina suas frases e escolhe suas palavras para que pensem que ele é um orador capaz e um pregador eloquente! Vanglória! É uma maravilha que Deus nos aceite em qualquer uma de nossas obras — na verdade, Ele nunca poderia se não as visse lavadas no precioso sangue de Jesus, pois em quase tudo, desde o membro mais baixo até o ministro mais útil de Cristo, essa vanglória se manifestará. Ah! irmãos, vocês devem exercitar sua própria salvação para se desfazerem desse espírito de vanglória, e fazê--lo com temor e tremor, com o auxílio de Deus. É indigno da parte de vocês serem vangloriosos; é desonroso para Deus. Vocês devem ser tirados dele. O braço divino os ajudará na luta, e rogo-lhes que, como obedeceram a muitos preceitos do evangelho de nossos lábios, sejam obedientes agora e esforcem-se contra toda a vanglória. Sempre que a tenho notado (e a tenho notado entre vocês), tenho-me entristecido muito, e entristeço-me porque talvez eu mesmo tenha dado o exemplo. Com demasiada frequência, os obreiros estão dispostos a engrandecer sua própria obra e a pensar levianamente acerca da obra dos outros. Observa-se que tal instituição está florescendo, mas alguém diz imediatamente: "Sim, sim, há muitas conversões, mas eu me pergunto se todas elas durarão!". É um vício miserável que os obreiros depreciem a obra de outros obreiros — é bastante triste vê-lo nos melhores seres humanos; e vejo-o em toda a parte. As pessoas irão, se puderem, jogar a obra de outras pessoas para baixo, a fim de fazer com que sua própria obra pareça estar aumentando rapidamente. Essa vanglória está completamente errada. Tudo mostra que ainda não estamos conformados à imagem daquele grande modelo de perfeição, Jesus Cristo, o Apóstolo e o Sumo Sacerdote da nossa profissão de fé.

Em seguida, o apóstolo diz: "por humildade; cada um considere os outros superiores a si mesmo" (Filipenses 2:3). Ai de mim! Até que ponto nos colocamos abaixo desse critério! Muitos poucos alcançaram essa graça! Bunyan retrata lindamente Cristiana e Misericórdia[2] saindo

---

[2] Personagens do livro *O peregrino*, de John Bunyan, uma obra clássica da literatura cristã escrita publicada em 1678, que narra a jornada espiritual de Cristão em busca da salvação, repleta de simbolismo e alegorias religiosas.

do banho da casa do Intérprete. Elas tiveram joias colocadas sobre si, e quando ambas são lavadas, Misericórdia diz a Cristiana: "Quão formosa e bela você parece!" "Não, minha irmã, disse Cristiana, não vejo beleza em mim mesma, mas como você está linda! Acho que nunca vi tanta beleza". Ambas eram adoráveis porque podiam ver a beleza de outras pessoas. Sua própria beleza espiritual pode ser muito medida pelo que você pode ver em outras pessoas. Quando você diz: "Ah! Não há santos hoje", deve-se temer que você não seja um. Quando você se queixa de que o amor está morto na Igreja cristã, ele deve estar morto em seu coração, ou você não diria isso. Como você pensa dos outros, assim é você. Pela sua própria boca você será condenado. Vocês serão medidos com a medida que usarem para os outros. Quando chegarmos ao ponto de admirar o bem de outras pessoas que ainda não alcançamos, em vez de depreciar outras pessoas porque elas não têm algo que nós temos, quando chegarmos a isso, estaremos evidentemente mais próximos de Cristo. Se o pregador admirado pode dizer: "Meu amado irmão, fulano tem uma congregação menor, e não é um pregador que chama muita atenção, mas ele visita seu rebanho tão cuidadosamente, e cuida de cada indivíduo tão bem, que eu o admiro muito, e devo me esforçar para imitá-lo"; e se a pessoa com a pequena congregação diz: "Meu irmão, beltrano estuda para descobrir palavras apropriadas, é elogiado pelo povo de Deus, é muito sincero, e é um grande ganhador de almas, eu gostaria de ser assim tão sincero; eu admiro isso nele"; ora, essas trocas de estima amorosa são infinitamente mais semelhantes a Cristo do que se o ministro com a grande congregação dissesse: "O irmão fulano enganou-se em sua vocação; ele não consegue obter mais de cem pessoas para ouvi-lo: de que adianta sua pregação?" para o que, o da menor congregação diria com rancor: "Ah, o trabalho de beltrano é apenas fogo de palha — belas palavras e emoção — porém, não há nada nele". Satanás aprova grandemente a nossa repreensão uns contra os outros, mas Deus não o faz. Aprendamos hoje mesmo a valorizar os outros em vez de os depreciar; pois, uma vez que demonstrarmos um espírito manso e humilde, exercitaremos nossa própria salvação.

O apóstolo demora mais um momento até incutir, como parte da salvação a ser posta em ação, o desenvolvimento de um espírito de amor e caridade recíprocos.

> Não atente cada um para o que é propriamente seu, mas cada qual também para o que é dos outros (Filipenses 2:4).

Em questões materiais, não pensem que seja suficiente que a sua própria empreitada prospere: desejem ver os seus irmãos obterem tal suficiência. Não sejam tão gananciosos a ponto de raspar tudo em seu próprio prato, mas deixem que outros tenham participações em seus negócios. Se eles são pobres e vocês são ricos, ajudem-nos. Se eles estão em dificuldades e vocês possuem em abundância, ministrem às suas necessidades. Não deixem Cristo despido e você, mesmo podendo, não queiram vesti-lo. Não deixem que Cristo fique doente e vocês não o visitem. Mas se um membro sofre, você, como outro membro, sofra com ele. Em coisas espirituais, pensem que não é suficiente viverem perto de Deus: tomem os casos de outros que podem ter-se desviado, e ponham-nos diante do trono da graça, e procurem, com repreensão amorosa ou admoestação suave, restaurar os que estão caídos, lembrando-se de si mesmos, para que não sejam tentados também. Desejem o bem de todos os membros da igreja a que pertencem; de fato, na medida do possível, procurem a prosperidade da alma de todo o povo de Deus. Observem, pois, meus irmãos, que o desígnio do apóstolo é este: se quisermos exercitar a nossa própria salvação, isso deve acontecer ao lançarmos no pó o nosso ego e tornar-nos altruístas. Em proporção, quando somos egoístas, somos vendidos ao pecado, mas, em proporção, quando somos altruístas, vivemos para os outros por amor de Cristo; em proporção, quando valorizamos os outros e estabelecemos uma consideração baixa acerca de nós mesmos, nessa proporção estamos avançando na graça e desenvolvendo nossa própria salvação do pecado. Como eu disse antes, eis aqui o trabalho, eis aqui a dificuldade. A descida ao Averno[3] do pecado é bastante fácil. Quantos caem no pecado tão depressa como os viajantes que deslizam pelo lado nevado de um maciço alpino! Entretanto, o labor de ir ao topo, de subir a colina de Deus, esse é o trabalho, essa é a dificuldade. Bem-aventurado aquele que, apoiado no braço eterno, põe em ação a sua própria salvação, e tem permissão para subir ao monte do Senhor, e permanecer em seu santo lugar.

Antes de o apóstolo terminar esse assunto, apresentou aos filipenses o melhor modelo do mundo. Leia o próximo versículo e veja depois a que imagem devemos ser moldados.

> De sorte que haja em vós o mesmo sentimento que houve também em Cristo Jesus, que, sendo em forma de Deus, não teve por usurpação ser igual a Deus. Mas aniquilou-se a si mesmo, tomando a forma de servo, fazendo-se semelhante aos homens; e, achado na forma de homem, humilhou-se a si mesmo, sendo obediente até à morte e morte de cruz (Filipenses 2:5-8).

Aí está o seu modelo. Jesus rebaixa-se da divindade à forma humana, do trono acima dos querubins à manjedoura, entre os animais. Rebaixe-se, meu irmão, se quiser ascender; se você quiser ser grande, seja pequeno; se você quiser ser elevado, diminua-se; se você quiser ser exaltado, seja desça. Sim, e seja como o Mestre foi, pois você nunca poderá ser perfeito sem Ele, que se dispôs a desistir da própria vida para a glória de Deus; ao renunciar a sua reputação, ser contado com os transgressores,

---

[3] Citação (adaptada) do poeta latino Virgílio na *Eneida*, 6:126: *facilis descensus Averno* (a descida ao Averno [= mundo inferior] é fácil). (N. R.)

e crucificado com malfeitores, Ele então entregou a sua vida à morte — a morte em sua forma mais vergonhosa e dolorosa, a morte de cruz. Nós não teremos colocado em ação completamente nossa salvação da escravidão deste corpo carnal até que estejamos dispostos a desistir da reputação e da honra, se simplesmente servirmos a Cristo, e estivermos dispostos a colocar nossa reputação em risco, nossa natureza à ruína, e desistir de tudo por Ele, se assim Ele quiser. Ah! É um trabalho árduo. As raízes de nosso egoísmo são muito profundas. O câncer mortal do amor-próprio lançou as suas horríveis raízes em nossa alma, entrelaçando-as com as fibras vitais de nosso coração. Suponho que quando a última raiz do orgulho for arrancada, subiremos para estar com Deus. Até que estejamos embrulhados em nossas vestes sepulcrais, nunca teremos colocado em ação completamente nossa própria salvação; a batalha termina apenas com a vida, mas ganharemos a vitória pela graça de Deus, pois seu poder dentro de nós nos ajudará a descer àquele estado celestial de nulidade em que Deus é tudo em todos. Dominaremos os nossos membros, subjugaremos as nossas inclinações, venceremos os nossos pensamentos arrogantes, rebaixaremos o nosso orgulho e, então, Deus também nos exaltará grandemente, como fez com o seu Filho amado. Então participaremos da honra que lhe pertence e reinaremos com Ele para todo o sempre. Visto que somos humilhados com Ele e dispostos a morrer com Ele, seremos exaltados com Ele e levados a viver com Ele em um mundo sem fim. Assim, apresentei-lhes o modelo para o qual devemos trabalhar para imitar, bem como aquilo que devemos exercitar.

III

Em terceiro lugar, temos no texto, *o espírito com o qual devemos pôr isso em ação*.

Primeiro, é ser um espírito cheio de energia. "Exercitai." Da palavra grega para "exercitai" obtemos a palavra *energia*. O trazer para fora a nova natureza para a exteriorização real na nossa vida é uma obra de dificuldade superlativa. Alguns que professam a fé cristã parecem ter absorvido a noção de que a graça de Deus é uma espécie de ópio, com o qual as pessoas podem se drogar em letargia, e sua paixão por fortes doses de doutrina sonolenta cresce com aquilo de que se alimenta. "É Deus quem efetua em nós, dizem eles, portanto, não há nada para fazermos". Raciocínio falho, conclusão falsa. Deus efetua, diz o texto; portanto, devemos exercitar pois Deus efetua em nós. A ajuda da graça divina não nos é dada para pôr de lado os nossos próprios esforços, mas para os incitá-los. Deus vem a nós para efetuar em nós — o quê? Efetuar algo em nós para sermos indiferentes? Ah, não! Efetuar algo em nós para que o desejemos com resolução e determinação. Será que Ele efetua algo em nós, depois de o ter desejado, para ficarmos parados? Ah, não! Ele efetua em nós para o realizar. O efeito direto da influência da graça sobre o coração é tornar o ser humano ativo, e quanto mais graça ele tem, mais cheio de energia ele se torna. Uma pessoa nunca vencerá o pecado, exceto pela energia divina em si. Tenho a certeza de que não se pode abater o seu orgulho apenas ao decidir fazê-lo; terá de vigiar esse velho inimigo e ficar de olho nele como um detetive observa um ladrão, pois quando pensar: "Finalmente, eu realmente o superei", irá descobrir que ele trabalha sorrateiramente de outra forma, e o seu conflito começará novamente. Assim, com um temperamento colérico com o qual alguns irmãos tiveram de lutar. E quando eles pensaram: "Agora eu realmente dominei meu temperamento pela graça de Deus", então ocorreu algum acidente em que a tentação o atacou por outra frente, e o velho eu incendiou a língua novamente. Sim, a nossa vida deve ser empenhada em vigilância constante e, uma vez que nos vemos em meio a tropeções, devemos acrescentar arrependimento constante, orando perpetuamente para sermos sustentados rumo ao futuro, lutando incessantemente para alcançar algo ainda além, avançando cada vez mais. Cada vez mais, digo eu, pois parar é recuar, deter-se é retroceder.

O texto diz ainda que ponhamos em ação a nossa própria salvação "com temor". Que tipo de temor é esse? Se você ler um autor católico romano, ele lhe dirá "que este é o temor do purgatório, ou o medo do inferno"; e se você for a um autor arminiano,[4] ele lhe assegurará que é o medo de cair da graça e estar cabalmente perdido. Não acredito que esse temor seja necessário para um filho de Deus. Esse é o temor que gera a escravidão. Se tenho certeza de que creio em Jesus, não tenho mais medo de me perder do que temo que o próprio Deus morra, porque temos a palavra de Cristo: "Dou-lhes a vida eterna, e nunca hão de perecer, e ninguém as arrebatará das minhas mãos" (João 10:28). Você não imaginaria que Paulo, que tinha ciência de que o temor "tem consigo a pena" (1João 4:18) e é expulso pelo amor perfeito, nos diria para desenvolver nossa salvação sob uma influência tão desencorajadora! O temor do texto é o que faz com que o temor ofenda um Deus tão bom, um temor sagrado e pueril, do qual lemos: "Bem-aventurado o homem que continuamente teme" (Provérbios 28:14). Um temor reverente do Altíssimo; um pavor piedoso de causar ofensa — este é o temor que devemos cultivar. Não é o temor que é inimigo da segurança plena, mas é o medo que se opõe à segurança carnal ou à imprudência.

Mas e o "tremor" — o que é isso? É o tremor do escravo? Não, isso não pertence aos herdeiros da graça; eles têm um tremor que é semelhante à alegria, pois está escrito: "Alegrai-vos com tremor" (Salmos 2:11). Diante do Senhor não trememos de afronta, mas somos levados a tremer com santa reverência. Sob um senso da presença de Deus, tremermos

---

[4] Jacó Armínio (1560-1609) foi um teólogo holandês que desafiou a teologia reformada de João Calvino. Ele defendia a liberdade da vontade humana e uma visão menos predestinacionista. Seus ensinamentos levaram ao arminianismo, que influenciou o protestantismo europeu e deu origem ao Movimento Remonstrante, um ramo do protestantismo que surgiu na Holanda no início do século 17 como uma resposta às doutrinas calvinistas predominantes na Igreja Reformada Holandesa. O termo "remonstrante" deriva de uma petição (remonstrância) que eles apresentaram às autoridades eclesiásticas em 1610, na qual expunham suas crenças.

Exercitem o que Deus efetuou

para que não pequemos, tremamos para que essa presença não nos seja tirada, para que não entristeçamos o Espírito e envergonhemos o Santo de Israel. Sabemos o que é tremer com a alegria e a glória do amor de Deus derramado em nossa alma pelo Espírito Santo. Os de fora não nos compreendem, mas as pessoas de Deus o entenderão. George Fox foi chamado de *quaker*[5] muito provavelmente porque todo o seu corpo parecia tremer sob a consciência do poder divino. Sabemos o que é lutar contra o pecado sob um impulso divino, e sermos cheios de inquietude trêmula enquanto lutamos com o nosso inimigo. O pecado deve nos fazer tremer, e Deus também, de modo que haja uma dupla causa para um solene temor no ofício da vida interior da alma. Não se trata de brincadeira de criança, mas sim de um assunto de enorme relevância. Peço a Deus que saibamos mais do santo tremor, para que a terrível majestade do amor divino nos seja revelada de tal forma que possamos ficar prostrados sob sua força, imaginando como nos é permitido permanecer no meio de tal chama de amor, uma sarça ardente, mas que não se consome. "Porque o nosso Deus é um fogo consumidor" (Hebreus 12:29). Muitos aprendem por esse texto que o senhorio de Cristo é um fogo consumidor para os ímpios, e assim Ele é, mas a passagem significa muito mais. O Senhor é um fogo consumidor para nós. "E quem subsistirá, quando ele aparecer? Porque ele será como o fogo do ourives" (Malaquias 3:2). Ele consumirá em nós tudo o que pode ser consumido. Sua própria natureza em nós não pode ser consumida, mas toda a terra e o mal o serão. Que o tremor possa muito bem apoderar-se de nós ao pensarmos nisso! Apenas o que dele mesmo está em nós sairá da fornalha; viverá e florescerá no próprio calor do fogo, mas tudo o mais terá de desaparecer. Todo sacrifício deve

---

[5] Os que pertenciam a um movimento que ficou conhecido como "Sociedade dos Amigos", criado por George Fox. São conhecidos por sua teologia pacifista e simplista; opõem-se às configurações clericais. Os *quakers* não realizam o batismo nas águas nem celebram a Ceia do Senhor. *Quaker*, em inglês, significa "aquele que treme".

ser "salgado com fogo" (Marcos 9:49): essa é uma disciplina incisiva, e que possamos tremer diante dela.

IV

Por último, sem detê-los por muito mais tempo, *notemos o doce encorajamento que o texto proporciona.*

Devemos exercitar a nossa salvação por esta razão: "Pois é Deus quem opera em vós tanto o querer quanto o realizar segundo seu beneplácito" (Filipenses 2:13). Eis aqui a ajuda em um exercício além de seu poder; eis a ajuda totalmente suficiente para todas as emergências; eis a ajuda que o enobrece a entender, uma ajuda divina, ajuda tal que, se Satanás colocar sua força máxima, e se suas corrupções chegarem ao seu poder máximo, será tal qual o que conseguem suportar naquele dia. A graça totalmente suficiente habita em você, ó cristão. Há um poço de águas vivas dentro de você que jorra; use o balde então; continue puxando; você nunca o secará; há uma fonte viva lá dentro. Continue a lutar, você não esgotará a força vital que Deus colocou dentro de você. Há uma mina crescente de ouro; gaste-a; continue a espalhar o tesouro em todas as direções. A riqueza inesgotável e divina é sua, portanto, não deixe de colocá-la em prática. Observe o que Deus efetua em nós, Ele trabalha em nós o querer — o desejo após a santidade, a resolução de desbancar o pecado, a pontada aguda da dor proveniente do pecado, a determinação severa de não cairmos nesse pecado novamente — tudo, tudo é de Deus; e aquele que nos concedeu o querer certamente o cumprirá.

Mas aquele que lhe deu o querer não o deixa parado; Ele efetua em você o poder de realizar. O poder de alcançar a vitória, o poder de destruir a mais elevada nuvem de orgulho virá dele. Deus é o mesmo diante de todas as circunstâncias, portanto, não temam; embora a sua vida interior esteja sujeita a dez mil perigos, Ele lhes dará poder para fazer o que é certo, o justo, o amável e o verdadeiro; pois Ele efetua gloriosamente em nós.

Aquilo que Ele efetua em nós é agradável aos seus olhos. Observe as palavras: "segundo seu beneplácito" (Filipenses 2:13). Dá prazer a Deus vê-lo santificado; é seu prazer vê-lo abnegado. Se você vencer a si mesmo, isso agradará ao Senhor. Confiem nisso, pois, uma vez que Ele está satisfeito com o resultado, e estendeu sua própria mão forte para realizar, você, enquanto põe isso em ação, não o faz em vão, mas com absoluta certeza de sucesso. Ó irmãos e irmãs, o meu coração resplandece com a esperança de estar completamente livre do poder do pecado. Oh, que dia será esse em que nem o pecado nem Satanás atormentarão os prazeres de nosso espírito purificado! Que bem-aventurança será ver o nosso Deus face a face, porque o espírito ímpio e profano foi completamente expulso de nós! Ó dia tão aguardado, venha sobre nós! O melhor céu que eu poderia desejar seria estar perfeitamente livre de mim mesmo, perfeitamente livre de minhas inclinações para a maldade. Não é esse o céu que você deseja também? Se for, você o terá. Se tiver graça suficiente para a perseguir, graça suficiente para trabalhar por ela, terá ainda graça suficiente para triunfar.

Assim, dirigi-me ao povo de Deus e deixo-lhes a questão. Quem me dera poder ter me dirigido a todos como cristãos, mas, infelizmente, vocês que se rebelam contra o Senhor, não virão a Cristo, não confiarão em Jesus; no entanto, para vocês, incrédulos, tenho uma mensagem; é apenas uma sentença, e eu a fiz: "Crê no Senhor Jesus Cristo e serás salvo" (Atos 16:31). Você não tem nada que se preocupar com pôr algo em ação ainda. Creia primeiro e, quando já tiver crido, lance-se em ação. Contudo, agora, a primeira mensagem do evangelho para você é esta: "Quem crer e for batizado será salvo" (Marcos 16:16a) e eis a terrível alternativa: "Mas quem não crer será condenado" (Marcos 16:16b). Que Deus o salve, por amor de Cristo. Amém.

7

SALVAÇÃO PELAS OBRAS, UMA DOUTRINA CRIMINOSA

Não aniquilo a graça de Deus; porque, se a justiça provém da lei, segue-se que Cristo morreu debalde [isto é, em vão].
GÁLATAS 2:21

A IDEIA de salvação pelo mérito de nossas próprias obras é extremamente sedutora. Não importa quantas vezes seja refutada, ela se reafirma repetidas vezes; e quando ganha a menor posição, logo faz grandes avanços. Portanto, Paulo, que estava determinado a não mostrar clemência, se opôs a tudo o que fizesse analogia a isso. Ele estava determinado a não permitir que a ponta fina da cunha perfurasse a igreja, pois bem ele sabia que mãos diligentes logo a tomariam como verdade: portanto, quando Pedro ficou do lado do partido judaizante e parecia favorecer aqueles que exigiam que os gentios fossem circuncidados, nosso corajoso apóstolo Paulo resistiu a ele em confrontação face a face. Ele lutou sempre por salvação pela graça através da fé, e lutou vigorosamente contra todo pensamento de justiça pela obediência aos preceitos da lei cerimonial ou moral. Ninguém poderia ser mais explícito do que ele sobre a doutrina de que não somos justificados ou salvos por obras em qualquer grau, mas apenas pela graça de Deus. Sua trombeta não emitia nenhum som impreciso, mas emitia a nota clara: "Porque pela graça sois salvos, mediante a fé; e isto não vem de vós; é dom de Deus" (Efésios 2:8). Graça significava graça com Ele, e Paulo não podia suportar qualquer adulteração do assunto, ou qualquer dissipação de seu significado.

Tão fascinante é a doutrina da justiça pela lei que a única maneira de lidar com ela é a maneira de Paulo. Acabe com ela. Arme-se para uma guerra contra ela. Nunca ceda a ela; mas lembre-se da firmeza do apóstolo, e quão forte ele manteve sua posição: "aos quais, diz ele, nem ainda por uma hora nos submetemos" (Gálatas 2:5).

O erro da salvação pelas obras é extremamente plausível. Você vai constantemente ouvi-lo afirmado como uma verdade autoevidente, e defendida por causa de sua suposta utilidade prática, enquanto a doutrina do evangelho da salvação pela fé é criticada e condenada por ter consequências más. Afirma-se que, se pregarmos a salvação por boas obras, encorajaremos a virtude; e assim pode parecer em teoria, mas a história prova por muitos casos que, de fato, onde tal doutrina foi pregada, a virtude tornou-se singularmente incomum e que, na proporção em que o mérito das obras foi exaltado, a moralidade amainou-se. Por outro lado, onde a justificação pela fé foi pregada, seguiram-se as conversões, e a pureza de vida foi evidenciada mesmo no mais vil dos seres humanos. Aqueles que levam uma vida piedosa e graciosa estão prontos a confessar que a causa do seu zelo pela santidade reside em sua fé em Cristo Jesus; mas onde se encontrará alguém fervoroso e reto que se gloria em suas próprias obras?

A justiça própria é natural para a nossa humanidade caída. Por isso, é a essência de todas as falsas religiões. Sejam quais forem, todas concordam em buscar a salvação por nossas próprias obras. Aquele que adora os seus ídolos torturará o seu corpo, jejuará, realizará longas peregrinações e fará ou suportará qualquer coisa para merecer a salvação. A Igreja Católica mantém continuamente diante dos olhos de seus devotos o prêmio a ser conquistado pela abnegação, pela penitência, pelas orações, pelos sacramentos, ou por algumas outras realizações humanas. Aonde quer que se vá, a religião natural do ser humano caído é a salvação por seus próprios méritos. Um antigo sábio bem disse: toda pessoa nasce herege nesse sentido, e ela naturalmente gravita em torno dessa heresia de uma forma ou de outra. A autossalvação, seja por sua dignidade pessoal, seja por seu arrependimento, seja por suas resoluções, é uma esperança enraizada na natureza humana, e muito difícil de ser removida. Essa insensatez está arraigada no coração de cada criança, e quem a tirará dela?

Essa ideia errônea surge em parte da ignorância, pois os seres humanos ignoram a lei de Deus e o que é realmente a santidade. Se soubessem que mesmo um mau pensamento é uma violação da lei, e que a lei, uma vez violada, em qualquer aspecto, é cabalmente violada, ficariam imediatamente convencidos de que não pode haver justiça pela lei para aqueles que já a transgrediram. Eles também estão em grande ignorância a respeito de si mesmos, pois aquelas mesmas pessoas que falam de justiça própria são, via de regra, abertamente imputáveis de culpa; e se não, se sentassem e realmente olhassem para sua própria vida, logo perceberiam, mesmo em suas melhores obras, tal impureza de intenção de antemão, ou tal orgulho e autocongratulação depois, quando veriam o falso brilho exterior retirado de todas as suas realizações, e ficariam totalmente envergonhados delas. Não é somente a ignorância que leva as pessoas à justiça própria, elas também são enganadas pelo orgulho. O ser humano não pode suportar ser salvo com base na misericórdia; ele não gosta de se declarar culpado e se lançar na benevolência do grande Rei; ele não consegue ser tratado como um indigente e abençoado por caridade; ele deseja ter participação em sua própria salvação e reivindicar pelo menos um pouco de crédito por isso. O orgulhoso não terá o próprio céu em termos de graça; mas, enquanto puder, ele estabelece um argumento ou outro, e mantém sua própria justiça como se fosse sua vida. Essa autoconfiança também surge da incredulidade perversa, pois, por meio de sua presunção, a pessoa não crerá em Deus. Nada é mais claramente revelado nas Escrituras do que isto — que pelas obras da lei ninguém será justificado, mas os seres humanos de uma forma ou de outra se apegam à esperança da justiça da lei; eles creem que precisam se preparar para a graça, ou ajudar a misericórdia, ou em algum grau merecer a vida eterna. Preferem suas próprias inclinações lisonjeiras à declaração do Deus que perscruta o coração. O testemunho do Espírito Santo sobre o engano do coração é posto de lado, e a declaração de Deus de que não há ninguém que faça o bem, não, nenhum sequer, é totalmente negada. Não é esse um grande mal? A autojustiça também é muito promovida pelo espírito quase universal de futilidade que agora está circulando. Apenas enquanto as pessoas perdem tempo consigo mesmas é que podem alimentar a ideia de mérito pessoal perante Deus. Aquele que pensa seriamente e começa a entender o caráter de Deus, diante do qual nem os céus são puros, e anjos são acusados de loucura, — aquele, eu digo, que pensa seriamente e contempla uma verdadeira visão de Deus, abomina-se em pó e cinzas, e é para sempre silenciado quanto a qualquer pensamento de autojustificação. É porque não examinamos seriamente a nossa condição que nos consideramos ricos e elevados em bens. Alguém pode imaginar que está prosperando nos negócios e, no entanto, pode estar voltando para o mundo. Se ele não faz uma contabilidade ou um balanço, pode estar vivendo em um paraíso de tolos, gastando muitíssimo, mas na verdade está à beira da falência. Muitos pensam bem de si mesmos porque nunca pensam com seriedade. Eles não olham abaixo da superfície e, portanto, são enganados pelas aparências. A questão mais problemática para muitos é o pensamento; e a última coisa que eles farão é pesar suas ações, ou testar suas intenções, ou ponderar seus caminhos, para ver se as coisas estão certas com eles. A presunção, apoiada pela ignorância, pelo orgulho, pela incredulidade e pela superficialidade natural da mente humana, está fortemente arraigada e não pode ser facilmente removida dos seres humanos.

No entanto, a presunção é evidentemente má, pois reluz do pecado. Fala de mérito no caso de alguém que já cometeu transgressão e se orgulha de excelência em referência a uma criatura caída e depravada. Fala demais feito uma criança de pequenos erros, pequenas falhas e pequenas omissões, e assim faz do pecado um erro desculpável que pode ser facilmente esquecido. Não é assim a fé em Deus, pois, embora reconheça o perdão, esse perdão é visto de uma forma que prova que o pecado é excessivamente pecaminoso. Por outro lado, a doutrina da salvação pelas obras não tem uma palavra de conforto para os caídos. Dá ao filho mais velho tudo o que o seu coração orgulhoso pode reivindicar, mas o filho pródigo não é bem-vindo. A lei não é convidativa ao pecador, pois nada conhece da misericórdia. Se a salvação é pelas obras da lei, o que deve acontecer aos culpados, aos caídos e aos abandonados? Com que esperanças eles podem ser chamados de volta? Essa doutrina impiedosa tranca a porta da esperança, e entrega os perdidos ao carrasco, a fim de que o fariseu orgulhoso possa proclamar sua justiça pretensiosa, e agradecer a Deus por não ser como os outros são.

É o egoísmo imenso dessa doutrina que a condena como uma coisa má. Ela naturalmente exalta o ego. Se alguém concebe que será salvo por suas próprias obras, considera-se alguma coisa e se gloria na dignidade da natureza humana: quando ele está atento às práticas religiosas, esfrega as mãos e sente que merece o bem de seu Criador; volta para casa para repetir suas orações e, antes de adormecer, pergunta-se como pode ter se tornado tão bom e bem superior aos que o rodeiam. Quando caminha por aí, sente-se como se vivesse à parte na excelência pura, uma pessoa muito distinta do "rebanho vulgar", um ser que, ao ser conhecido, é admirado. O tempo todo ele se considera muito humilde e muitas vezes se surpreende com sua própria condescendência. O que é isso senão um espírito odioso? Deus, que sonda o coração, detesta-o. Ele aceitará os humildes e os contritos, mas afasta dele os que se gloriam em si mesmos. Na verdade, meus irmãos, em que nos devemos gloriar? Não é toda ostentação uma mentira? O que é este egoísmo senão uma pena de pavão, adequada apenas para o chapéu de um néscio? Que Deus nos livre da exaltação de nós mesmos; e, no entanto, não podemos ser libertos disso se mantivermos em qualquer grau a doutrina da salvação por nossas próprias boas obras.

Neste momento, desejo atirar contra o próprio cerne dessa doutrina destruidora de almas, enquanto lhes mostro, em primeiro lugar, que dois grandes crimes estão contidos na ideia da autojustificação. Quando eu trouxer tal acusação, tentarei ainda demonstrar que esses dois grandes crimes são cometidos por muitos e, em terceiro lugar, será um prazer afirmar que o verdadeiro cristão não se enquadra nesses crimes. Que Deus, o Espírito Santo, nos ajude enquanto meditamos sobre este importante tema.

I

Primeiro, então, dois grandes crimes estão contidos na autojustificação. *Esses elevados crimes e contravenções frustram a graça de Deus e fazem com que Cristo tenha morrido em vão.*

A primeira é a frustração da graça de Deus. A palavra aqui traduzida como "frustrar" significa anular, rejeitar, recusar, considerar desnecessário. Agora, aquele que espera ser salvo por sua autojustificação rejeita a graça ou o livre favor de Deus, considera-a inútil e, nesse sentido, frustra-a. É claro, em primeiro lugar, que se a justiça vem pela lei, a graça de Deus não é mais necessária. Se podemos ser salvos por nossos próprios méritos, precisamos de justiça, mas certamente não queremos misericórdia. Se pudermos cumprir a lei e reivindicar sermos aceitos como uma forma de dívida, é evidente que não precisamos nos transformar em suplicantes e ansiar por misericórdia. A graça é supérflua onde o mérito pode ser

SALVAÇÃO PELAS OBRAS, UMA DOUTRINA CRIMINOSA 141

constatado. Uma pessoa que pode ir ao tribunal com um caso ganho e um semblante confiante não pede misericórdia ao juiz, e a oferta disso a insultaria. "Dê-me justiça, diz ela; dê-me os meus direitos"; e ela os defende como alguém corajoso deveria fazer. Somente quando alguém sente que a lei o condena é que ele faz um pedido de misericórdia. Ninguém jamais sonhou em recomendar alguém inocente à misericórdia. Digo, pois, que aquele que crê que, por guardar a lei, praticar cerimônias ou realizar espetáculos religiosos, pode tornar-se aceitável perante Deus, coloca diligentemente de lado a graça de Deus como uma coisa supérflua no que lhe diz respeito. Isso não está claro? E não é esse um crime de — essa frustração da graça de Deus?

Em seguida, ele faz com que a graça de Deus seja pelo menos uma coisa secundária, o que é apenas um grau inferior do mesmo erro. Muitos pensam que devem merecer o máximo que puderem por seus próprios esforços, e então a graça de Deus compensará o restante. A teoria parece ser que devemos manter a lei o mais longe que pudermos, e essa obediência imperfeita deve ser boa, como uma espécie de composição, digamos, um centavo na libra, ou quinze centavos na libra, de acordo com o que a pessoa julga por sua própria excelência; e então o que é exigido além de nosso próprio dinheiro suado, a graça de Deus fornecerá: em suma, o plano é que cada um seja seu próprio salvador, e Jesus Cristo e sua graça fazem contrapeso por nossas carências. Quer as pessoas vejam ou não, essa mistura de lei e graça é muito desonrosa para a salvação de Jesus Cristo. Torna a obra do Salvador incompleta, embora na cruz Ele clamasse: "Está consumado!" (João 19:30). Sim, até mesmo a trata como sendo totalmente ineficaz, uma vez que parece ser inútil até que as obras humanas lhe sejam adicionadas. De acordo com essa noção, somos redimidos tanto por nossas próprias ações quanto pelo preço do resgate do sangue de Jesus, e o ser humano e Cristo participam, tanto na obra quanto na glória. Trata-se de uma forma intensa de traição arrogante contra a majestade da misericórdia divina: um crime capital, que condenará todos os que nele continuarem. Que Deus nos livre de insultar assim o trono da graça, trazendo um valor de compra em nossas mãos, como se pudéssemos merecer tais dons incomparáveis de amor.

Mais do que isso, aquele que confia em si mesmo, em seus sentimentos, em suas obras, em suas orações ou em qualquer coisa, exceto na graça de Deus, praticamente desiste de confiar totalmente na graça de Deus: pois que todos saibam que a graça de Deus nunca compartilhará a obra com o mérito humano. Assim como o óleo não se mistura com a água, o mérito humano e a misericórdia celestial também não se misturam. O apóstolo diz: "E, se é pela graça, já não é pelas obras; do contrário, a graça já não é graça" (Romanos 11:6). Mas se é pelas obras, então não é mais pela graça; do contrário, a obra não é mais obra. Duas são as opções: ou você tem a salvação inteiramente porque a merece, ou totalmente porque Deus a concede graciosamente, embora você não a mereça. Você deve receber a salvação das mãos do Senhor, seja como uma dívida ou como um ato de caridade, não pode haver confusão de ideias. Aquilo que é pura doação de favor não pode ser também uma recompensa de merecimento pessoal. Uma combinação dos dois princípios da lei e da graça é absolutamente impossível. A confiança em nossas próprias obras, em qualquer grau, efetivamente nos afasta de toda esperança de salvação pela graça; e assim frustra a graça de Deus.

Essa é outra forma desse crime, que quando as pessoas pregam os feitos humanos, sofrimentos, sentimentos ou emoções como base da salvação, eles tiram o pecador da confiança em Cristo; enquanto alguém puder manter qualquer esperança em si mesmo, ele nunca olhará para o Redentor. Podemos pregar para todo o sempre, mas enquanto permanecer latente no íntimo de qualquer pessoa a esperança de que ela pode efetivamente livrar-se do pecado e ganhar o favor de Deus por suas próprias obras, tal pessoa nunca aceitará a proclamação do perdão livre através do sangue de Cristo. Sabemos que não podemos frustrar a graça de Deus: ela cumprirá o seu desígnio, e o propósito eterno será realizado;

mas como a tendência de todo ensino que combina obras com graça é tirar os seres humanos da crença no Senhor Jesus Cristo, sua propensão é frustrar a graça de Deus, e todo ato deve ser julgado por sua propensão, mesmo que o poder divino do Senhor o impeça de exercitar o seu resultado natural. Ninguém pode lançar outro fundamento que não o que já está assentado, mas, uma vez que tentam fazê-lo, são culpados de desprezar o fundamento de Deus tanto quanto os construtores dos tempos antigos que rejeitaram a pedra que Deus havia escolhido para ser a pedra angular. Que a graça de Deus nos impeça de um crime como esse, para que o sangue da alma dos outros não manche as nossas vestes de sangue.

Essa esperança de sermos salvos pela nossa própria justiça rouba a Deus a sua glória. É como dizer: "Não queremos graça; não precisamos de nenhum favor gratuito". Ela ouve sobre a nova aliança que foi realizada por meio do amor infinito, mas, ao apegar-se à antiga aliança, isso traz desonra sobre ela. Em seu ela coração murmura: "Qual é a necessidade dessa aliança de graça? A aliança das obras soluciona todos os propósitos para nós". Ela ouve sobre o grande dom da graça na pessoa de Jesus Cristo, e o despreza pelo pensamento secreto de que as ações humanas são tão boas quanto a vida e a morte do Filho de Deus. É como se ela gritasse: "Não será esse homem que nos salvará". Uma esperança de autojustificação lança um insulto à glória de Deus, pois é claro que se alguém pudesse ser salvo por suas próprias obras, ele naturalmente teria a honra disso; mas se alguém for salvo pela livre graça de Deus, então Deus é glorificado. Ai daqueles que ensinam uma doutrina que arrancaria a coroa real da cabeça de nosso soberano Senhor e desonraria o trono de sua glória. Deus nos ajude a sermos libertos dessa ofensa grosseira contra o alto céu.

Meu sangue fervilha com um assunto como este, pois a minha indignação se levanta contra o que desonra o meu Senhor e frustra a sua graça. Trata-se de um pecado tão repulsivo que nem mesmo os pagãos o podem cometer. Eles nunca ouviram falar da graça de Deus e, portanto, não podem menosprezá-la: quando perecerem, será com uma condenação muito mais leve do que aqueles que foram informados de que Deus é gracioso e sempre pronto a perdoar, e ainda assim viram as costas e perversamente se vangloriam da inocência, e fingem estar limpos aos olhos de Deus. Trata-se de um pecado que os demônios não podem cometer. Com toda a obstinação de sua rebelião, eles nunca podem chegar a isso. Eles nunca tiveram as notas doces da graça livre e do amor capaz de morrer tocando em seus ouvidos e, portanto, nunca recusaram o convite celestial. Aquilo que nunca foi apresentado à sua aceitação não pode ser objeto da sua rejeição. Assim, então, meu ouvinte, se você cair nessa vala profunda, você afundará mais baixo do que os pagãos, mais baixo do que Sodoma e Gomorra, e mais baixo do que o próprio Diabo. Desperte, rogo-lhe, e não se atreva a frustrar a graça de Deus.

O segundo grande crime que a autojustificação comete é fazer Cristo morrer em vão. Isso é bastante claro. Se a salvação pode ser pelas obras da lei, por que nosso Senhor Jesus morreu para nos salvar? Ó Cordeiro de Deus que sangra, a tua encarnação é uma maravilha, mas a tua morte sobre o maldito madeiro é um milagre de misericórdia que enche todo o céu de espanto. Alguém se atreverá a dizer que a tua morte, ó Deus encarnado, foi supérflua, um desperdício de sofrimento? Atrevem-se a considerar-te um fanático generoso, mas insensato, cuja morte foi desnecessária? Pode haver alguém que pense que a tua cruz é uma coisa vã? Sim, milhares fazem isso e, de fato, todos que o fazem creem que os seres humanos possam ter sido salvos de alguma outra forma, ou podem agora ser salvos por suas próprias vontades e ações.

Aqueles que dizem que a morte de Cristo serve apenas para uma parte do caminho, mas que o ser humano deve fazer algo para merecer a vida eterna, — estes, digo, fazem com que essa morte de Cristo seja apenas parcialmente eficaz e, em termos ainda mais claros, ineficaz em si mesma. Se, porventura, alguém insinue que o sangue de Jesus não é o preço suficiente e precisa que o ser humano acrescente a sua prata ou o seu ouro a isso, então o seu sangue não é a nossa redenção, e Cristo não é Redentor! Se for ensinado que o pecado que carregou nosso Senhor por nós não recebeu uma expiação perfeita, e o que fez é ineficaz até que façamos ou soframos algo para completá-la, então na obra suplementar reside a verdadeira virtude, e a obra de Cristo é em si insuficiente. Seu grito de morte de "Está consumado!" deve ter sido um erro, se ainda não está consumado; e se aquele que crê em Cristo não é completamente salvo pelo que Cristo fez, mas deve fazer algo para completar sua obra, então a salvação não foi concluída, e a obra do Salvador permanece imperfeita até que nós, pobres pecadores, ajudemos a compensar suas carências. Que blasfêmia reside em tal suposição! Se algum homem dentre vocês puder ser salvo pelas obras da lei, Cristo, no Calvário, fez uma oferta desnecessária e inútil de si mesmo.

Esse espírito rejeita também a aliança que foi selada com a morte de Cristo. Pois, se pudermos ser salvos pela antiga aliança das obras, então a nova aliança não era necessária. Na sabedoria de Deus, a nova aliança foi introduzida porque a primeira tinha envelhecido e era anulada pela transgressão, mas se não for anulada, então a nova aliança é uma inovação ociosa, e o sacrifício de Jesus ratificou uma operação insensata. Enquanto pronuncio tais palavras, eu mesmo as ojerizo. Ninguém jamais foi salvo sob a aliança das obras, nem jamais será, e a nova aliança é introduzida por essa razão; mas se há salvação pela primeira, então, que necessidade havia da segunda? A justiça própria, na medida do possível, anula a aliança, quebra o seu selo e o faz em detrimento do sangue de Jesus Cristo, que é a essência, o certificado e o selo dessa aliança. Se você sustenta que alguém possa ser salvo por suas próprias boas obras, você despreza o testamento de amor que a morte de Jesus colocou em vigor, pois não há necessidade de receber como legado de amor o que pode ser conquistado como salário de trabalho.

Ó senhores, este é um pecado contra cada pessoa da santíssima Trindade. É um pecado contra o Pai. Como Ele poderia ser sábio e bom, e ainda dar seu único Filho para morrer em um madeiro em angústia, se a salvação humana poderia ser operada por algum outro meio? É um pecado contra o Filho de Deus: atrevem-se a dizer que o nosso preço de redenção poderia ter sido pago de alguma outra forma, e que, portanto, a sua morte não era absolutamente necessária para a redenção do mundo; ou, se necessária, não era, contudo, eficaz, pois exige algo que seja adicionado à sua morte antes que possa efetuar o seu propósito. É um pecado contra o Espírito Santo, e cuidado como você peca contra Ele, pois tais pecados são mortais. O Espírito Santo dá testemunho da perfeição gloriosa e do poder invencível da obra do Redentor, e ai daqueles que rejeitam esse testemunho. Ele veio ao mundo com o propósito de convencer as pessoas do pecado da incredulidade em Jesus Cristo; e, portanto, se pensamos que podemos ser salvos separadamente de Cristo, o fazemos independentemente do Espírito de sua graça.

A doutrina da salvação pelas obras é um pecado contra todos os filhos decaídos de Adão, pois se os seres humanos não podem ser salvos senão pelas suas próprias obras, que esperança resta para qualquer transgressor? Fecham as portas da misericórdia para com a humanidade; condenam os culpados a morrer sem possibilidade de remissão. Negam toda a esperança de boas-vindas ao pródigo que regressa, negam toda a perspectiva do paraíso ao ladrão agonizante da cruz. Se o céu for pelas obras, milhares de nós nunca verão as suas portas. Sei que eu nunca as verei. Vocês, que se coadunam, podem se alegrar com suas perspectivas, mas o que será de nós? Vocês arruinaram a todos com a sua trama pedante.

Isso também não é tudo. É um pecado contra os santos, pois nenhum deles tem outra esperança senão no sangue e na justiça de Jesus Cristo. Remova a doutrina do sangue expiatório, e você removeu tudo; nosso fundamento se foi. Se você fala assim, ofende toda a geração de pessoas santas. Vou ainda mais longe: promover as obras é um pecado contra os santos do alto. A doutrina da salvação pelas obras silenciaria os aleluias do céu. Calem-se, coristas, que significado tem a sua canção? Você está cantando: "Ele que nos ama e nos libertou dos nossos pecados por meio do seu sangue" (Apocalipse 1:5). Mas por que cantar assim? Se a salvação se dá pelas obras, as suas atribuições de louvor são vãs bajulações. Você deve cantar: "A nós mesmos, que mantivemos nossas vestes limpas, a nós seja glória para todo o sempre"; ou pelo menos "A nós mesmos, cujos atos tornaram a obra do Redentor eficaz, seja dada uma parte plena de louvor". Entretanto, uma nota de autoelogio nunca foi ouvida no céu e, portanto, temos certeza de que a doutrina da autojustificação não provém de Deus. Convido-os, renunciem essa doutrina, ela é inimiga de Deus e do ser humano. Esse sistema orgulhoso é um pecado da mais profunda mancha contra os bem-amados. Não posso suportar pensar no insulto que isso representa diante de nosso Senhor, aquele que morre por nós. Se você fez Cristo viver em vão, isso já é vil o bastante; mas representá-lo como tendo morrido em vão! O que dizer disso então? Que Cristo veio à terra para nada é uma declaração demasiada horrível; mas que Ele se tornou obediente até a morte de cruz sem apresentar resultado é uma profanação das mais odiosas.

II

Não direi mais nada sobre a natureza desses pecados, mas, em segundo lugar, refiro-me ao fato grave de que *esses dois grandes crimes são cometidos por muitas pessoas*. Receio que sejam cometidos por alguns que me ouvem hoje. Que todos examinem a si mesmos e vejam se essas malditas coisas não estão escondidas em seu coração, e se estão, clame a Deus para que você se liberte delas.

Certamente, esses crimes são imputáveis àqueles que escarnecem do evangelho. Eis aqui a maior descoberta que já foi feita, o conhecimento mais maravilhoso que já foi revelado, e ainda assim você não acha que vale a pena a consideração. Você vem, de vez em quando, para ouvir um sermão, mas ouve sem coração; você lê as Escrituras ocasionalmente, mas não as procura como um tesouro escondido. Não é o seu objetivo primordial na vida compreender e receber com todo o coração o evangelho que Deus proclamou; contudo, isso é o que deveria acontecer. Que diz, meu amigo, a sua indiferença ao declarar que a graça de Deus não tem grande valor em sua estima? Você não acha que vale a pena o trabalho da oração, da leitura da Bíblia e da atenção. A morte de Cristo não é nada para você — um fato muito bonito, sem dúvida; você conhece bem a história, mas não se importa o suficiente com ela para desejar participar de seus benefícios. O sangue de Cristo pode ter poder para purificar do pecado, mas você não quer remissão; a morte de Cristo pode ser a vida dos seres humanos, mas você não deseja viver por Ele. Ser salvo pelo sangue expiatório não lhe parece tão importante quanto continuar o seu negócio de modo lucrativo e adquirir uma fortuna para a sua família. Ao menosprezar essas coisas preciosas, o que você faz, tanto quanto pode, é frustrar a graça de Deus e fazer Cristo morrer em vão.

Outro grupo de pessoas que faz isso são aqueles que não têm sentimento de culpa. Talvez sejam pessoas naturalmente amáveis, civilizadas, honestas e generosas, e pensam que essas virtudes naturais são tudo o que é necessário. Temos muitas dessas, em quem há muito que é adorável, mas a única coisa necessária está faltando. Não estão conscientes de que alguma vez fizeram algo muito errado, consideram-se certamente tão boas como os outros e, em alguns aspectos, bastante superiores. É altamente provável que você seja tão bom quanto os outros, e ainda melhor do que os outros, mas ainda assim você não vê, meu caro amigo; se estou me dirigindo a uma pessoa com essas características e se, mesmo assim, você se considera tão bom que deve ser salvo por sua bondade, você coloca a graça de Deus fora de questão e a torna inútil? O íntegro não tem necessidade do médico, apenas os que estão doentes exigem sua habilidade, e, portanto, era desnecessário que Cristo morresse por tais como você, porque você, em sua própria opinião, não tinha feito nada digno de morte. Você afirma que não fez nada de muito ruim; e, no entanto, há uma coisa em que você transgrediu gravemente, e peço-lhe que não fique zangado quando eu o acusar. Você é muito mau, pois é tão orgulhoso que se considera justo, embora Deus tenha dito que não há justo, não, nem um sequer. Você diz ao seu Deus que Ele é um mentiroso. A Palavra de Deus os acusa, e a sua lei os condena; mas não acreditarão nele, e irão se vangloriar de ter uma justiça própria. Isso é alta presunção e orgulho arrogante, e que o Senhor os limpe desse mal. Você colocará isso no coração e lembrará que, se você nunca foi culpado de mais nada, isso é pecado o suficiente para fazer você chorar diante do Senhor dia e noite? Você, tanto quanto pôde, pela orgulhosa opinião que tem de si mesmo, anulou a graça de Deus e declarou que Cristo morreu em vão. Esconda o rosto de vergonha e implore por misericórdia por essa ofensa gritante.

Um outro grupo de pessoas pode imaginar que escapará, mas temos agora de deixar isso muito claro para elas. Aqueles que se desesperam muitas vezes gritam: "Sei que não posso ser salvo senão pela graça, pois sou um grande pecador; mas, infelizmente, sou um pecador grande demais para ser salvo. Estou muito sujo para que Cristo lave os meus pecados". Ah, meu caro amigo, embora não o saiba, está anulando a graça de Deus, negando a sua força e limitando o seu poder. Você duvida da eficácia do sangue do Redentor e do poder da graça do Pai. Como? A graça de Deus não é capaz de salvar? Não é o Pai de nosso Senhor Jesus capaz de perdoar o pecado? Cantamos com alegria,

> Quem é perdoador como tu, ó Deus?
> Ou pode tão maravilhosa e libertadora graça dar aos teus?

E você diz que Ele não os pode perdoar, e isso a despeito de suas muitas promessas de misericórdia. Ele diz: "Todo pecado e blasfêmia se perdoará aos homens" (Mateus 12:31). "Vinde, então, e argui-me, diz o Senhor; ainda que os vossos pecados sejam como a escarlata, eles se tornarão brancos como a neve; ainda que sejam vermelhos como o carmesim, se tornarão como a branca lã" (Isaías 1:18). Você diz que isso não é verdade. Assim você frustra a graça de Deus, e constata que Cristo morreu em vão, pelo menos em seu lugar, pois diz que Ele não pode purificá-lo. Não diga isso; não deixe que sua incredulidade minta para Deus. Oh, creia que Ele é capaz de salvar até mesmo você, e gratuitamente, neste exato momento, para pôr de lado todo o seu pecado, e para o aceitar em Cristo Jesus. Acautele-se do desânimo, pois, se não confiar nele, anulará a sua graça.

E penso eu, aqueles que fazem uma confusão do evangelho, cometem esse pecado em grande medida. Quero dizer isto: quando pregamos o evangelho, temos apenas que dizer: "Pecadores, vocês são culpados; vocês nunca podem ser outra coisa senão culpados em si mesmos: se o seu pecado for perdoado, deve ser através de um ato de graça soberana, e não por causa de qualquer coisa em vocês, ou que possa ser feito por vocês. A graça deve ser dada a vocês porque Jesus morreu, e por nenhuma outra razão; e a maneira pela qual vocês podem ter essa graça é simplesmente confiando em Cristo. Pela fé em Jesus Cristo você obterá o perdão total". Isso é o puro evangelho. Se alguém se virar e perguntar: "Como posso ter certeza de que creio em Cristo?" Se eu lhe disser que tem essa certeza de crer em Cristo porque ele sente uma operação da lei dentro de si, ou porque ele tem desejos santos, então, fiz uma grande confusão: coloquei algo humano na questão e manchei a glória da graça. Minha resposta é: "Caro, o seu direito de crer em Cristo não está no que você é ou sente, mas na ordem de Deus para que você creia, e na promessa de Deus que é feita a toda criatura debaixo do céu, de que todo aquele que crê em Jesus Cristo será salvo". Esta é a nossa comissão: "Ide por todo o mundo, pregai o evangelho a toda criatura. Quem crer e for batizado será salvo" (Marcos 16:15,16). Se você é uma criatura, nós pregamos esse evangelho para você. Confie em Cristo e você será salvo. Não porque você é um pecador sensível, ou um pecador penitente, ou qualquer outra coisa, mas simplesmente porque Deus, de sua livre graça, sem qualquer consideração oferecida a Ele de sua parte, mas livre e gratuitamente, perdoa livremente todas as suas dívidas por causa de Jesus Cristo. Agora, não mutilei o evangelho; ai está ele, sem nada da criatura em si, mas a fé do ser humano, e até mesmo isso é dom do Espírito Santo. Aqueles que acrescentam seus "ses" e "poréns", e insistem nisto: "Você deve fazer isso, e sentir aquilo, antes que você possa aceitar a Cristo", frustram a graça de Deus em grande medida, e causam danos ao glorioso evangelho do Deus bendito.

E assim, mais uma vez, também aqueles que abandonaram a fé. Falo a alguém aqui que já foi professante da fé, que outrora orava na assembleia, que outrora caminhava como santo, mas agora regrediu, quebrando o dia do descanso, abandonando a casa de Deus e vivendo em pecado? Você, meu amigo, diga em seu estilo de vida: — "Eu tive a graça de Deus, mas eu não me importo com isso: não vale nada. Rejeitei-a, abandonei-a, anulei-a, voltei ao mundo". Você faz o mesmo que dizer: "Uma vez confiei em Jesus Cristo, mas não vale a pena confiar nele". Você o negou, vendeu o seu Senhor e o seu Mestre. Não vou agora ater-me à questão de saber se alguma vez você foi sincero, embora eu acredite que você nunca foi, mas, por si só, quero mostrar que é o seu caso. Tome cuidado para que esses dois crimes terríveis não repousem sobre você, frustrando assim a graça de Deus e fazendo Cristo morrer em vão.

III

Quanto ao meu terceiro ponto, levarei comigo as profundas convicções e as alegres confidências de todos os verdadeiros cristãos. É isto: *que nenhum verdadeiro cristão será culpado desses crimes.* Em sua própria alma, ele repudia esses pecados infames.

Em primeiro lugar, nenhum crente em Cristo pode suportar pensar na frustração da graça de Deus ou em sua anulação. Prestem atenção, corações sinceros, com vocês eu falo. Vocês confiam apenas na graça, ou descansam, de alguma forma, em si mesmos? Vocês dependem, mesmo em um pequeno grau, de seus próprios sentimentos, de sua própria fidelidade, de seu próprio arrependimento? Sei que vocês abominam o próprio pensamento disso. Vocês não têm nem mesmo a sombra de uma esperança, nem algo que se assemelhe à confiança em qualquer coisa que vocês já foram, ou jamais serão, ou jamais esperam ser. Vocês jogam isso fora como um trapo sujo cheio de contaminação, o qual vocês lançariam para fora do universo se pudessem. Confesso que, embora eu tenha pregado o evangelho com todo o meu coração, e me glorie nele, ainda assim considero minhas pregações como escória e esterco se penso nelas como uma base de confiança; e embora tenha trazido muitas almas a Cristo, bendito seja o seu nome, nunca ouso, por um momento sequer, colocar a menor confiança nesse fato quanto à minha própria salvação, pois sei que, depois de ter pregado a outros, ainda posso ser um réprobo. Não posso descansar em um ministério bem-sucedido, ou em uma igreja edificada, mas repouso tão somente em meu Redentor. O que digo de mim mesmo sei que cada um de vocês dirá por si mesmo. Suas esmolas, suas orações, suas lágrimas, sua perseguição sofrida, seus dons para a igreja, seu trabalho sério na escola dominical ou em outro lugar — você já pensou em colocá-los lado a lado com o sangue de Cristo como sendo a sua esperança? Não, você nunca sonhou com isso; estou certo de que você nunca fez isso, e a simples menção a isso lhe é totalmente repugnante: não é? Graça, graça, graça é a sua única esperança.

Além disso, você não apenas renunciou a toda a confiança nas obras, mas renunciou também hoje, de todo o coração, como jamais o fizera. Quanto mais velho você é, e quanto mais santo você se torna, menos você pensa em confiar em si mesmo. Quanto mais crescemos na graça, tanto mais nos apaixonamos pela graça; quanto mais investigamos o nosso coração, e quanto mais conhecemos a santa lei de Deus, mais profundo é o nosso sentido de indignidade e, consequentemente, maior é o nosso prazer na misericórdia abundante, livre e imerecida, o dom gratuito do coração do Rei, o nosso Deus. Diga-me, o seu coração não salta dentro de você quando ouve as doutrinas da graça? Eu sei que há alguns que nunca se sentiram pecadores, que se remexem como se estivessem sentados em espinhos enquanto estou pregando graça e nada mais que graça; mas isso não é verdade para você que descansa em Cristo. "Oh, não", você diz, "toque esse sino novamente! Toque esse sino outra vez; não há música como essa. Toque essa corda novamente, é a nossa nota favorita". Quando você fica desanimado e deprimido, que tipo de livro você gosta de ler? Não é um livro sobre a graça de Deus? A que você recorre nas Escrituras? Você não recorre às promessas feitas aos culpados, aos ímpios, aos pecadores, e não acha que somente na graça de Deus, e somente aos pés da cruz há algum descanso para você? Sei que é assim. Então você pode se levantar e dizer com Paulo: "Eu não frustro a graça de Deus. Alguns podem, se quiserem, mas Deus não permita que eu a torne nula, pois é a minha salvação e todo o meu desejo".

O verdadeiro cristão também está livre do segundo crime: ele não faz Cristo estar morto em vão. Não, não, não, ele confia na morte de Cristo; ele coloca sua única e inteira confiança no grande Substituto que amou, viveu e morreu por ele. Ele não se atreve a associar-se com o sacrifício que jorra do sangue, seu pobre coração que sangrava, ou suas orações, ou sua santificação, ou qualquer outra coisa de nosso Senhor Jesus. "Ninguém além de Cristo, ninguém além de Cristo", é o grito de sua alma. Ele repudia toda proposta de adicionar qualquer coisa de cerimônia ou de ritual da lei com a obra consumada de Jesus Cristo. Quanto mais vivemos, confio, queridos irmãos, mais vemos a glória de Deus no rosto de Jesus Cristo. Ficamos impressionados com a sabedoria da maneira pela qual um substituto foi inserido — para que Deus pudesse ferir o pecado e ainda poupar o pecador; estamos perplexos em admiração pelo incomparável amor de Deus, que Ele não poupou seu próprio Filho; estamos cheios de reverente adoração pelo amor de Cristo, que quando Ele conheceu o preço do perdão, e era seu sangue, sua piedade nunca se retirou. Além disso, não somente nos alegramos em Cristo, mas sentimos uma unidade crescente com Ele. A princípio não sabíamos, mas agora sabemos que fomos crucificados com Ele, que fomos sepultados com Ele, que ressuscitamos com Ele. Não teremos Moisés como governante, tampouco Arão como sacerdote, pois Jesus é rei e sacerdote para nós. Cristo está em nós, e nós estamos em Cristo, e estamos completos nele, e nada pode ser tolerado como algo que acrescente ao sangue e à justiça de Jesus Cristo, nosso Senhor. Somos um com Ele e, sendo um com Ele, percebemos cada vez mais que Ele não morreu em vão. Sua morte comprou-nos a vida verdadeira: a sua morte já nos libertou da escravidão do pecado e mesmo agora nos libertou do medo da ira eterna. Sua morte nos comprou a vida eterna, nos comprou a condição de filhos e todas as bênçãos que a paternidade de Deus se encarrega de outorgar; a morte de Cristo fechou as portas do inferno para nós e abriu as portas do céu; a morte de Cristo operou para nós misericórdias, não visionárias ou imaginárias, mas reais e verdadeiras, as quais hoje desfrutamos, e por isso não corremos o risco de pensar que Cristo morreu em vão.

É nossa alegria manter dois grandes princípios que lhes deixarei, esperando que se alimentem deles como quem come o tutano e a gordura. Estes são os dois princípios: a graça de Deus não pode ser frustrada, e Jesus Cristo não morreu em vão. Penso que esses dois princípios estão no cerne de toda a sã doutrina. No fim de todas as coisas, a graça de Deus não pode ser frustrada. Seu propósito eterno será cumprido, seu sacrifício e selo serão eficazes: os escolhidos da graça serão levados à glória. Não haverá falhas quanto ao plano de Deus em qualquer ponto: no fim, quando tudo for encerrado, será visto que a graça reinou através da justiça para a vida eterna, e a Pedra Angular será revelada com brados de "graça, graça seja dada à Pedra Angular". E como a graça não pode ser frustrada, também Cristo não morreu em vão. Alguns parecem pensar que havia propósitos no coração de Cristo que jamais serão realizados. Então, nada aprendemos sobre Cristo. O propósito de sua morte alcançará consumação; aqueles que Ele comprou serão seus; aqueles que Ele redimiu serão livres; não haverá omissão de recompensa pela maravilhosa obra de Cristo: Ele verá a obra consumada de sua alma e ficará satisfeito. Nesses dois princípios, minha alma pode descansar. Crendo em sua graça, a graça nunca me faltará. "A minha graça te basta" (2Coríntios 12:9), diz o Senhor, e assim será. Ao crer em Jesus Cristo, a sua morte certamente me salvará. Não pode ser, ó Calvário, que falhes; não pode ser, ó Getsêmani, que o teu suor em sangue seja em vão. Pela graça divina, descansando no precioso sangue de nosso Salvador, devemos ser salvos. Alegrem-se e regozijem-se comigo, e saiam por aí a contar aos outros. Deus os abençoe, por amor de Jesus. Amém!

8

SALVOS NA ESPERANÇA

Porque, em esperança, somos salvos. Ora, a esperança que se vê não é esperança; porque o que alguém vê, como o esperará? Mas, se esperamos o que não vemos, com paciência o esperamos.
Romanos 8:24,25

DE ACORDO com algumas versões "somos salvos *pela* esperança", mas isso dificilmente está de acordo com outras partes da Sagrada Escritura. Em toda a parte da Palavra de Deus nos é dito que somos salvos pela fé. Veja o que está alguns capítulos antes: "Sendo, pois, justificados pela fé" (Romanos 5:1). A fé é a graça salvadora, e não a esperança — exceto apenas quando a esperança é, sob alguns aspectos, equivalente à fé. A fé é a graça salvadora, e o original deve ser traduzido — e é de se admirar que não seja assim em algumas versões — "em esperança, somos salvos". Evitaria equívocos se a passagem fosse sempre assim traduzida; pois, como bem diz aquele eminente crítico, Bengel:[1]

---
[1] Johann Albrecht Bengel (1687-1752), clérigo luterano alemão. Estudioso da língua grega; ficou conhecido por sua tradução do Novo Testamento e seu comentário acerca dele. (N.T.)

"As palavras não descrevem os meios, mas o modo de salvação: somos assim salvos, de modo que pode ainda permanecer algo pelo que termos esperança, tanto de salvação quanto de glória". Aqueles que creem recebem a salvação de sua alma como o fim de sua fé, e é pelo fato de ser da fé que pode ser da graça. São salvos *pela* fé e em esperança.

Neste momento, os cristãos são salvos e, em certo sentido, completamente salvos. Eles são totalmente salvos da culpa do pecado. O Senhor Jesus tomou o pecado deles e o carregou em seu próprio corpo no madeiro, e ofereceu uma expiação aceitável, pela qual a iniquidade de todo o seu povo é uma vez e para sempre eliminada. Pela fé, somos imediatamente salvos da contaminação do mal e temos livre acesso a Deus, nosso Pai. Pela fé somos salvos do poder dominador do pecado nos membros de nosso corpo. Como diz a Escritura: "Porque o pecado não terá domínio sobre vós, pois não estais debaixo da lei, mas debaixo da graça" (Romanos 6:14). A coroa é removida da cabeça do pecado, e a influência de sua força é quebrada no coração de cada cristão pelo poder da fé. O pecado esforça-se para obter o domínio, mas não pode ganhar, pois aquele que é nascido de Deus não comete pecado com prazer, ou como seu hábito diário, mas ele se guarda para que o maligno não o toque. Quanto à pena do pecado, que foi suportado pelo nosso grande Substituto, e pela fé aceitamos o seu sacrifício, e "quem crê nele não é condenado" (João 3:18). Regozijamo-nos, portanto, neste momento pela salvação já obtida e desfrutada pela fé que está em Cristo Jesus. No entanto, estamos conscientes de que há algo mais do que isso. Há salvação em um sentido mais amplo, que ainda não vemos; pois no momento presente nos encontramos neste tabernáculo, gemendo porque estamos sobrecarregados. Ao nosso redor, a criação está evidentemente em trabalho de parto; há sinais de dores de parto em uma certa agitação, convulsão e angústia da criação. As coisas não estão como Deus as fez originalmente. Espinhos estão nos sulcos da terra, uma praga caiu sobre suas flores, há mofo em seus grãos. Os céus choram e saturam as nossas colheitas, as entranhas da terra movem-se e abalam as nossas cidades. Calamidades e desastres frequentes são presságios de um grande futuro que nascerá deste presente árduo. Em nenhum lugar da terra se pode encontrar um paraíso perfeito. As nossas melhores coisas estão na expectativa de algo melhor. Toda a criação geme e sofre conosco. Mesmo nós que recebemos as primícias do Espírito, e assim somos abençoados e salvos, no entanto, gememos dentro de nós mesmos, esperando por algo mais, uma glória ainda não vista. Ainda não alcançamos, mas estamos avançando. Nossa primeira sede da alma, como pecadores, foi saciada; mas há dentro de nós desejos ainda maiores, pelos quais temos fome e sede de justiça com anseios insaciáveis. Antes de comermos do pão do céu, ansiávamos por meras migalhas; mas agora a nossa natureza recém-nascida trouxe-nos um novo apetite, que nem mesmo o mundo inteiro poderia satisfazer.

Qual é a causa de tamanha voracidade? Não temos qualquer dificuldade em responder à pergunta. Nossas dores e anseios, e desejos insatisfeitos estão majoritariamente reunidos em dois aspectos. Primeiro, desejamos estar totalmente livres do pecado sob todas as formas. O mal que existe no mundo é o nosso fardo; somos atormentados pela conversa maligna dos ímpios, e somos entristecidos pelas suas tentações e perseguições. O fato de que o mundo jaz no maligno e que as pessoas rejeitam a Cristo e perecem na incredulidade é uma fonte de muita aflição para o nosso coração. Nós dissemos com Davi: "Ai de mim, que peregrino em Meseque, e habito nas tendas de Quedar" (Salmos 120:5). Poderíamos desejar uma pousada em um deserto, longe das atormentações dos seres humanos, para que pudéssemos comungar em paz com Deus e não ouvir mais blasfêmia, murmuração, devassidão e crime. Esse não é o nosso descanso, pois está poluído, e até agora procuramos uma grande libertação quando seremos retirados deste mundo para habitar em perfeita companhia. No entanto, mesmo a presença dos ímpios seria uma questão pequena se pudéssemos ser completamente libertos do pecado dentro de nós mesmos. Isso está entre as coisas que ainda não se viram. Se alguém estivesse livre de qualquer tendência ao pecado, já não estaria sujeito à tentação, tampouco à necessidade de vigiar contra ela. Aquilo que não pode ser queimado ou carbonizado não tem necessidade de temer o fogo. Sentimos que devemos evitar a tentação, porque estamos conscientes de que há uma substância dentro de nós que pode rapidamente arder em fogo. "Porque se aproxima o príncipe deste mundo, disse o nosso Senhor, e nada tem em mim" (João 14:30); mas quando ele vem a nós, ele encontra não apenas algo, mas algo muito adequado ao seu propósito. Nosso coração ecoa muito prontamente à voz de Satanás. Quando ele semeia o joio, os sulcos da velha natureza logo produzem uma colheita. O mal permanece mesmo no regenerado, e infecta todas as capacidades da mente. Oh, se pudéssemos nos livrar da memória do pecado! Que tormento é para nós nos lembrarmos de trechos de canções soltas e palavras de gosto amargo. Oh, se pudéssemos nos livrar da imaginação do pecado! Será que lamentamos o suficiente pelos pecados do pensamento e da imaginação? Uma pessoa pode pecar, e pecar horrivelmente, em pensamento, e ainda assim pode não ter cometido pecado materializado. Muitos cometeram fornicação, adultério, roubo e até mesmo assassinato em sua imaginação, encontrando prazer em pensar nisso, e ainda assim ele pode nunca ter cometido nenhum dos atos explícitos. Oh, se nossa imaginação, e todas as nossas partes internas, fossem purgadas da matéria corrupta que está nelas, e que fermenta para a imundície. Há em nós aquilo que nos faz clamar dia após dia: "Ó miserável homem que eu sou; quem me salvará?" Se alguém aqui disser: "Não sinto tais emoções", peço a Deus que em breve o faça sentir. Aqueles que conhecem muito pouco da verdadeira perfeição espiritual se contentam consigo mesmos; tal qual uma criança perfeita ele cresce, assim como um filho perfeito de Deus. Quanto mais nos aproximarmos da limpeza perfeita do coração, mais lamentaremos o mais ínfimo ponto do pecado, e mais veremos que é pecado aquilo que tentávamos justificar. Aquele que é mais parecido com Cristo é mais consciente da imperfeição, e mais farto de que a menor iniquidade paire sobre ele. Quando alguém diz: "Eu alcancei o ponto de chegada", temo que ele não tenha começado a correr. Quanto a mim, sofro muitas dores de crescimento e sinto-me muito menos satisfeito comigo próprio do que costumava ser. Tenho uma firme esperança de algo melhor, mas se não fosse por esperança, eu me consideraria verdadeiramente infeliz por estar tão consciente das necessidades e tão atormentado por desejos. Essa é uma grande fonte de nosso gemido. Somos salvos, mas não somos completamente libertos das tendências ao pecado, tampouco alcançamos a plenitude da santidade.

E ainda muitíssima terra ficou para possuir (Josué 13:1).

Outra causa desse inverno de nosso descontentamento é o nosso corpo. Paulo o chama de "corpo abatido" (Filipenses 3:21), e assim é, de fato, quando comparado com o que será quando for moldado à imagem de Cristo Jesus. Não é abatido em si mesmo visto como a criatura de Deus, pois é aterrador e maravilhosamente constituído; e há algo muito nobre sobre o corpo de uma pessoa, feito para andar ereto, e olhar para cima e olhar para o céu. Um corpo tão maravilhosamente preparado para ser a estância da mente e para obedecer às ordens da alma não deve ser desprezado. Um corpo que pode ser o templo do Espírito Santo não é uma estrutura maldosa, portanto não o menosprezemos. É uma coisa pela qual devemos ser eternamente gratos, termos sido feitos seres humanos, se também fomos feitos novas criaturas em Cristo Jesus. O corpo ficou sob o poder da morte através da queda, e permanece assim; e, permanecendo assim, sua sorte é morrer mais cedo ou mais tarde, a menos que o Senhor apareça de repente, e mesmo assim deve ser mudado; pois carne e sangue, como eles são, não podem herdar o reino de Deus. E assim, pobre corpo, não está bem harmonizado com a alma recém-nascida, uma vez que não nasceu de novo. Você é uma morada um tanto opaca e triste para um espírito nascido no céu! Com dores e sofrimentos, cansaço e enfermidade, a sua necessidade de sono, comida e roupa, sua sujeição ao frio, ao calor, à desgraça, à decadência, bem como ao trabalho excessivo e exaustivo, você é um triste servo da alma santificada. Você puxa para baixo e perturba um espírito que, de outra forma, poderia voar alto. Quantas vezes uma penúria de saúde reprime a nobre chama da alta determinação e da santa aspiração! Quantas vezes a dor e a fraqueza congelam alegre fluxo da alma! Quando seremos libertados dos grilhões deste corpo natural e poremos o vestido de casamento do corpo espiritual? Com o pecado que habita em nosso peito, e essa carcaça de barro mortal, estamos contentes por agora a nossa salvação estar mais próxima do que quando primeiro cremos, e ansiamos por entrar no pleno gozo dela.

Aqui o meu texto nos dá bons ânimos. Das fontes do nosso presente gemido há uma libertação completa, uma salvação tão ampla que cobre toda a área de nossas necessidades, sim, dos nossos desejos. Espera-nos uma salvação cuja extensão é a eternidade e a imensidão. Todos os nossos amplos poderes podem desejar estar dentro dele, e disso o texto diz: "Em esperança, somos salvos". Essa salvação mais grandiosa e ampla, que capturamos pela esperança. Glória a Deus por isso!

Esse é, pois, o tema da nossa meditação atual: a esperança que abrange a salvação mais grandiosa pela qual ansiamos.

I

Comecemos por recapitular, sob a primeira premissa, *o objeto dessa esperança*. Já examinei os pontos principais. A nossa esperança, em primeiro lugar, abrange a nossa própria perfeição absoluta. Voltamos nossos olhares rumo à santidade e, pela graça de Deus, nunca descansaremos enquanto não a alcançarmos. Todo pecado que existe em nós está condenado, não somente deve ser vencido, mas deve ser também aniquilado. A graça de Deus não nos ajuda a esconder as nossas fraquezas, mas a destruí-las. Lidamos com o pecado como Josué fez com os cinco reis quando entraram na cova de Maquedá. Enquanto ele estava ocupado na batalha, ele disse: "Arrojai grandes pedras à boca da cova" (Josué 10:18). Nossos pecados por algum tempo são encerrados pela graça restringente, como em uma cova, e grandes pedras são roladas à boca da cova; pois eles escapariam se pudessem, e mais uma vez tomariam as rédeas: mas, no poder do Espírito Santo, queremos lidar com eles de forma mais eficaz progressivamente. "Trazei-me aqueles cinco reis para fora da cova" (Josué 10:22), disse Josué, e "os feriu, e os matou, e os pendurou em cinco madeiros" (Josué 10:26). Pela graça de Deus, nunca ficaremos satisfeitos até que todas as nossas inclinações naturais ao pecado sejam totalmente destruídas, execradas e abominadas. Ansiamos pelo dia em que não restará em nós uma mancha de pecado passado, ou uma inclinação para o pecado futuro. Ainda teremos vontade e liberdade de escolha, mas escolheremos apenas o bem. Os santos no céu não são seres passivos, levados ao longo do caminho da obediência por um poder ao qual não podem resistir, mas, como agentes inteligentes, escolhem livremente ser santidade para o Senhor. Desfrutaremos para sempre da gloriosa liberdade dos filhos de Deus, que reside na constante escolha voluntária daquilo que deve ser escolhido e na consequente felicidade ininterrupta. A ignorância também desaparecerá, pois todos seremos ensinados pelo Senhor, e conheceremos, assim como somos conhecidos. Perfeitos no serviço e perfeitamente libertos de toda a vontade própria e desejo carnal, estaremos perto do nosso Deus e seremos como Ele. Como Watts[2] diz,

> Pecado, meu antigo inimigo atroz
> Não envergonharás mais meus olhos, ouvidos e voz;
> Meus inimigos internos mortos serão,
> Nem Satanás perturbará a minha comunhão.

---
[2] Isaac Watts (1674-1748), poeta, teólogo, pregador, pedagogo e lógico inglês. Compôs mais de 750 hinos e ficou conhecido como "pai do hino inglês". (N. do T.)

Que paraíso será esse! Penso que, se pudesse ter a certeza de me libertar de toda sujeição ao pecado, não escolheria o local onde deveria viver, seja na terra ou no céu, no fundo do mar com Jonas, ou no pobre calabouço com Jeremias. Pureza é paz: santidade é felicidade. Aquele que é santo como Deus é santo, em consequência, será feliz como Deus é feliz. Esse é um dos principais objetivos da nossa esperança.

O outro objeto de nosso desejo é a redenção do corpo. Leiamos os versículos em que Paulo nos ensina essa verdade:

> E, se Cristo está em vós, o corpo, na verdade, está morto por causa do pecado, mas o espírito vive por causa da justiça. E, se o Espírito daquele que dos mortos ressuscitou a Jesus habita em vós, aquele que dos mortos ressuscitou a Cristo também vivificará o vosso corpo mortal, pelo seu Espírito que em vós habita (Romanos 8:10-11).

Quando morrermos, deixaremos o nosso corpo para trás por algum tempo; não seremos, portanto, com relação a toda a nossa humanidade, perfeitos no céu até a ressurreição; seremos moralmente perfeitos, mas como uma pessoa completa é feita de corpo e alma, não seremos fisicamente perfeitos, enquanto uma parte de nosso ser permanecer no túmulo. Quando a trombeta da ressurreição soar, este corpo se levantará, mas ressuscitará redimido. Como nossa alma regenerada é muito diferente de nossa alma sob a escravidão do pecado, assim o corpo quando ressuscitado será amplamente diferente do corpo como é agora. As enfermidades causadas pela doença e pela idade serão desconhecidas entre os glorificados, pois são como os anjos de Deus. Ninguém entrará na glória manco ou mutilado, ou decrépito ou deformado. Você não terá olhos cegos, minha irmã; nenhum ouvido surdo, meu irmão; não haverá tremor de paralisia ou enfraquecimento pela tuberculose. Lá possuiremos a juventude eterna; o corpo que é semeado em fraqueza será levantado em poder, e imediatamente se entregará às tarefas do seu Senhor. Paulo diz: "Semeia-se corpo natural (ou anímico)" apto para a alma; "ressuscitará corpo espiritual" (1Coríntios 15:44) apto para o espírito, a natureza mais elevada do ser humano. Suponho que habitaremos um corpo como os querubins usam quando voam sobre as asas do vento; ou como o de um serafim quando, como uma chama de fogo, ele reluz às ordens do Senhor. Seja o que for, pobre estrutura minha, você será muito diferente do que é agora. Você é o bulbo murcho, que será posto na terra, mas florescerá uma flor gloriosa, um cálice de ouro que reflete a luz do sol do rosto do Senhor. Você ainda não conhece a grandeza de sua glória, apenas que será formado como o corpo glorioso do Senhor Jesus. Esse é o segundo objeto de nossa esperança, um corpo glorificado que se une ao nosso espírito purificado.

Visto sob outro prisma, o objeto de nossa esperança é este: que entremos em nossa herança. Paulo diz:

> E, se nós somos filhos, somos, logo, herdeiros também, herdeiros de Deus e coerdeiros de Cristo (Romanos 8:17).

Se temos pouco ou muito nesta vida, nosso estado não é nada quando comparado com o que temos em retorno, que será garantido para nós no dia quando chegarmos à idade adulta. A plenitude de Deus é a herança dos santos: tudo o que pode tornar alguém abençoado, nobre e completo está reservado para nós. Meça, se puder, a herança de Cristo, que é herdeiro de todas as coisas! Qual deve ser a porção do mui-amado Filho do Altíssimo? Seja o que for, é nosso, pois somos coerdeiros com Cristo. Estaremos com Ele e contemplaremos a sua glória; usaremos a sua imagem, nos sentaremos em seu trono. Não posso dizer-lhes mais, pois as minhas palavras são assoladas pela insuficiência. Eu gostaria que todos nós meditássemos sobre o que a Escritura revela sobre este assunto até que conhecêssemos tudo o que pode ser conhecido. A nossa esperança procura muitas coisas, sim, todas as coisas. Rios de deleites, de deleites eternos jorram para nós à direita de Deus.

Paulo fala da "glória que em nós há de ser revelada" (Romanos 8:18), e nos diz em outro lugar que é "um peso eterno de glória mui excelente" (2Coríntios 4:17). Que palavra é esta: "glória"! A glória deve ser nossa. Realmente nossa, pobres pecadores que somos. A graça é doce, mas o que deve ser a glória? Deve ser revelada em nós, ao nosso redor, sobre nós e através de nós por toda a eternidade.

Paulo fala também da "liberdade da glória dos filhos de Deus" (Romanos 8:21), ó encantadora palavra: "liberdade"! Nós a adoramos, como quando ouvimos o soar das cornetas de prata daqueles que lutam contra os tiranos; mas o que será quando as trombetas do céu proclamarem o jubileu eterno a todo escravo espiritual? Liberdade? A liberdade dos filhos de Deus! Liberdade para entrar no Santíssimo Lugar, para habitar na presença de Deus e contemplar o seu rosto para todo o sempre.

O apóstolo fala também da "manifestação dos filhos de Deus" (Romanos 8:19). Aqui, estamos escondidos em Cristo como pedras preciosas em um baú; aos poucos seremos revelados como joias em uma coroa. Como Cristo teve seu tempo de manifestação aos gentios depois de ter sido escondido por algum tempo, assim nós, que agora somos desconhecidos, devemos ter uma manifestação diante dos seres humanos e anjos.

> Então, os justos resplandecerão como o sol, no Reino de seu Pai (Mateus 13:43).

Qual será a nossa manifestação, ó meus irmãos e irmãs, não posso dizer-lhes; os olhos não a viram, nem os ouvidos a ouviram, tampouco entraram no coração de alguém. Embora Deus a tenha revelado a nós pelo seu Espírito, ainda assim quão pequena parte dessa revelação nossos espíritos foram capazes de receber. Suponho que somente aquele que viu o lar dos perfeitos pode dizer-nos como é e concebo que nem tal poderia fazê-lo, pois não a saberia articular em palavras. Quando Paulo estava no paraíso, ele ouviu palavras, mas não nos diz o que eram, pois diz que não era lícito que alguém as pronunciasse: eram divinas demais para a língua mortal. Ainda não, ainda não, mas pouco a pouco o objeto de nossas esperanças ficará claro para nós. Não o menosprezem porque dizemos pouco a pouco, pois o intervalo de tempo é uma questão insignificante. Em breve terá passado. O que são alguns meses ou anos? E se algumas centenas de anos devem se interpor antes da ressurreição? O tempo logo será varrido de nós e levado como nas asas de um pássaro, e então? Oh, então! O invisível será visto, o indizível será ouvido, o Eterno será nosso para todo o sempre. Tal é a nossa esperança.

II

Vamos agora refletir sobre *a natureza dessa esperança*. Somos salvos na esperança. Em que esperança somos salvos?

Em primeiro lugar, a nossa esperança consiste em três coisas: crença, desejo, expectativa. Nossa esperança de sermos limpos, libertados do pecado quanto à nossa alma, e resgatados de toda enfermidade quanto ao nosso corpo, surge de uma garantia solene de que assim será. A revelação daquele que trouxe à luz a vida e a imortalidade dá-nos testemunho de que também nós obteremos glória e imortalidade. Seremos ressuscitados à imagem de Cristo e participaremos de sua glória. Essa é a nossa crença porque Cristo ressuscitou e ascendeu em glória, e nós somos um com Ele. Isso também desejamos, ó quão ardentemente! Desejamos tanto que, às vezes, desejamos morrer para que possamos entrar na glória. Em todos os momentos, mas especialmente quando temos um vislumbre de Cristo, a nossa alma anseia por estar com Ele. Esse desejo é acompanhado de uma expectativa confiante. Ansiamos tanto ver a glória de Cristo e compartilhá-la, como esperamos ver o dia de amanhã: não, talvez não vejamos o sol de amanhã, mas certamente veremos o Rei em sua beleza na terra que está além. Cremos, desejamos e esperamos. Essa é a natureza da nossa esperança. Não é um desejo indefinido, nebuloso e infundado que as coisas possam dar certo, como aqueles que dizem: "Espero que tudo vá bem comigo", embora vivam descuidadamente e não busquem a Deus; mas é uma esperança composta de conhecimento seguro, de crença firme, de desejo espiritual e expectativa garantida.

Essa esperança baseia-se na Palavra de Deus. Deus nos prometeu isso, portanto, cremos, desejamos e esperamos. Ele disse: "Quem crer e for batizado será salvo" (Marcos 16:16), e o sentido mais amplo que podemos dar a essa palavra "salvo" deve ser o sentido de Deus, uma vez que seus pensamentos estão sempre acima de nossos pensamentos. Esperamos que Deus faça o que Ele disse em toda a extensão de sua promessa, pois Ele nunca voltará atrás com sua Palavra, tampouco falhará em seu compromisso. Entregamos a nossa alma à tutela do Salvador, que declarou que salvará o seu povo de seus pecados. Confiamos no nosso Redentor, e cremos que o nosso Redentor vive, e que quando Ele surgir no último dia sobre a terra, mesmo que depois que vermes destruam nossa pele e este corpo, ainda assim, em nossa carne veremos a Deus. Muitas e preciosas são as palavras de Deus para o mesmo efeito, e nós nos apegamos a elas, estando certos de que o que Ele prometeu também é capaz de cumprir. Morreremos sem a dúvida de que ressuscitaremos, assim como já entregamos ao pó muitos dos nossos amados na esperança firme e certa da sua ressurreição para a vida eterna. Como o primeiro deixa cair o seu grão no chão, e não duvida de vê-lo germinar novamente, assim enterramos os corpos dos santos, e assim renunciaremos ao nosso próprio corpo, na expectativa certa de que eles viverão tão seguramente quanto viveram. Essa é uma esperança que vale a pena ter, pois está bem alicerçada. A Palavra de Deus, a fidelidade de Deus e o seu poder para cumprir a sua própria promessa. Sendo assim, é uma esperança mais segura e firme, que não faz com que quem a tem jamais se envergonhe.

Essa esperança é operada em nós pelo Espírito de Deus. Nunca teríamos conhecido tal esperança se o Espírito Santo não a tivesse acendido no nosso âmago. Os ímpios não têm essa esperança, e nunca a terão. Somente quando as pessoas são renovadas é que essa esperança entra nelas, o Espírito Santo habita nelas. Aqui exulto com alegria indizível, pois se a minha esperança de perfeição e imortalidade foi forjada em mim por Deus, então ela deve ser cumprida, pois o Senhor nunca poderia inspirar uma esperança que envergonhasse o seu povo. O verdadeiro Deus nunca deu aos seres humanos uma falsa esperança. Isso jamais aconteceria. O Deus da esperança que o ensinou, meu irmão, a esperar a libertação do pecado e de todos os seus efeitos, fará a você conforme a expectativa que Ele mesmo despertou; portanto, esteja certo e espere pacientemente o dia jubiloso da aparição do Senhor.

Essa esperança opera em nós de uma maneira santa, como toda coisa graciosa e santa que vem de Deus deve fazer. Ela nos purifica, como diz João: "E qualquer que nele tem esta esperança purifica-se a si mesmo, como também ele é puro" (1João 3:3). Estamos tão certos dessa herança que nos preparamos para ela despindo-nos de todas as coisas contrárias a ela e revestindo-nos de todas as coisas que lhe convêm. Esforçamo-nos por viver na perspectiva da glória. Quantas vezes me ocorreu, e não duvido que o mesmo lhes tenha ocorrido também, meus irmãos, dizer de tal coisa: "Como será isso no dia do juízo?". E fizemos esse ato de generosidade ou aquele ato de consagração, não porque nos preocupássemos com o que pensariam dele, mas porque o olhamos à luz da glória vindoura. Para nós, o maior estímulo é que nos seja reservada uma coroa de vida que não desvanece.

Essa bendita esperança faz-nos sentir que é uma vergonha pecar, uma vergonha que faz os elevados príncipes de sangue imperial se chafurdarem na lama como filhos da sarjeta. Gostaríamos de viver como aqueles que estão destinados a habitar no fulgor da luz inefável. Não podemos andar na escuridão, pois devemos habitar em um esplendor diante do qual o sol empalidece. Na própria Divindade devemos batizar-nos em comunhão. Seremos, portanto, escravos de Satanás ou servos do pecado? Que Deus nos livre disso! Essa bendita esperança atrai-nos para Deus e tira-nos da cova do pecado.

III

Tendo descrito o alvo e a natureza desta bendita esperança, aproximo-me ainda mais do texto para observar *o poder de antecipação desta esperança*, pois o apóstolo diz no nosso texto: "em esperança, somos salvos"; isto é, conseguimos a salvação maior, da qual estamos agora falando, quando fomos ensinados a conhecer tal esperança. Obtivemos a primeira parte da salvação, o perdão do pecado e a justificação de nossos seres pela fé, e temos comunhão com Deus e acesso a inúmeras bênçãos pela fé: alguns de nós são tão conscientes disso quanto o fato de que comemos e bebemos. Contudo, além de tudo isso, temos na esperança o mais amplo âmbito da salvação, libertação total da alma do pecado e completa redenção do corpo de toda dor e da morte. Temos essa salvação em esperança; e regozijamo-nos na esperança da glória de Deus. Como isso se dá?

Ora, em primeiro lugar, a esperança vislumbrou tudo garantido pela promessa da graça. Assim que cremos em Cristo, a nossa fé garantiu o perdão, e clamamos: "Ainda não estou livre das tendências ao pecado, mas uma vez que cri em Cristo para a salvação, certamente serei aperfeiçoado, pois Cristo não poderia ter vindo para me dar uma salvação parcial e imperfeita: Ele aperfeiçoará o que me diz respeito". Assim, a esperança vislumbrou na promessa de salvação muito do que ainda não foi realmente experimentado. Sabendo que toda a promessa é de igual certeza, a esperança aguardava a misericórdia futura tão seguramente como a fé desfrutou da bênção presente.

Além disso, a esperança vislumbrou a colheita completa nas primícias. Quando o pecado foi subjugado pela graça, a esperança aguardava vê-lo totalmente exterminado. Quando o Espírito Santo veio habitar no corpo, a esperança concluiu que o corpo seria salvo tão seguramente quanto a alma. No momento em que a fé introduziu a esperança no coração, ela cantou: "Eu tenho a salvação completa — não no gozo do agora, mas no retorno seguro em Cristo Jesus". A esperança acenou com o primeiro feixe, e assim tomou posse da colheita. Pergunte a qualquer agricultor que tenha um punhado de espigas de trigo maduras se ele também tem trigo maduro, e ele lhe dirá que sim. "Mas você ainda não os colheu." "Não, ainda não, mas são meus, e no devido tempo eu os colherei: essas espigas cheias são uma garantia total da existência do trigo e do fato de que ele está amadurecendo." Assim, quando Deus concedeu a você e a mim amor por Jesus e libertação do domínio do mal, essas primícias anunciaram uma salvação perfeita ainda a ser revelada em nós. Nossa primeira alegria foi a afinação de nossas harpas para o louvor eterno. A nossa primeira paz foi a luz da manhã de um dia sem fim. Quando vimos a Cristo pela primeira vez e o adoramos, nossa adoração foi a primeira reverência diante do trono de Deus e do Cordeiro. De modo que, em esperança, fomos salvos: ela nos trouxe o princípio da perfeição, o penhor da imortalidade, o início da glorificação.

Além disso, a esperança está tão seguramente alicerçada sobre esse favor, que ela o considera como já conquistado. Você recebe um conselho de um comerciante com quem você negociou do outro lado do mar; ele diz: "Eu adquiri as mercadorias que você encomendou e as enviarei pelo próximo navio; que provavelmente chegará em um determinado momento". Outro comerciante o chama e pergunta se deseja comprar esses mesmos produtos; e você responde: "Não, eu já os tenho". Falou ele a verdade? Certamente, porque, embora não os tenha em seu armazém, são-lhe garantidos; sabe que estão a caminho, e está tão habituado a confiar no seu fornecedor estrangeiro, que considera as mercadorias como suas. A ação é consumada a tal ponto que torna as mercadorias suas. Assim é com o céu, com a perfeição, com a imortalidade: o ato é consumado, fazendo dessas bênçãos patrimônios dos santos. Tenho notícias de alguém de quem não posso duvidar: o meu Senhor; Ele foi para o céu para preparar um lugar para mim, e Ele voltará e me receberá para si mesmo. A esperança está tão certa desse fato, que ela o avalia, faz comparações e tira conclusões práticas. Um bom e velho provérbio nos diz: "Não conte com o ovo que está dentro da galinha", mas aqui está um caso em que você pode contar não somente com o ovo, mas com a galinha adulta, pois o apóstolo diz: "Porque para mim tenho por certo que as aflições deste tempo presente não são para comparar com a glória que em nós há de ser revelada" (Romanos 8:18). Ele está tão certo disso que ele mantém um débito e um crédito em seu relato: ele coloca os sofrimentos deste tempo presente como suas despesas e a glória que será revelada como seu patrimônio, e Ele declara que um é tão vasto, e o outro tão absolutamente insignificante que não vale a pena a consideração.

Não, ele não apenas tem a certeza de contar com isso, mas também a certeza de que gememos por causa disso, de que estamos neste corpo, mas gememos pela adoção completa. Nossos gemidos não surgem da dúvida, mas do anseio: somos encorajados por nossa expectativa confiante à veemência do desejo. É inútil chorar por aquilo que você nunca terá. A criança é tola quando chora porque quer a lua. Mas gemer pelo que tenho certeza de possuir é apropriado e adequado, e mostra a força de minha fé.

O apóstolo tem tanta certeza disso que até triunfa sobre o fato. Ele diz que somos mais do que vencedores através daquele que nos amou — isto é, embora ainda não sejamos perfeitos, e embora o nosso corpo não esteja livre da dor, estamos tão seguros da perfeição e da libertação completa que suportamos alegremente todas as coisas, triunfando sobre todas as dificuldades. Amigo, você não estará mais na pobreza por muito mais tempo; você habitará onde as ruas são cobertas de ouro. Sua cabeça não mais sentirá dor, pois será coberta com uma coroa de glória e felicidade. Não importa a humilhação, eles não poderão rir de você por muito tempo: você estará à direita de Deus, o próprio Pai, e a glória de Cristo o vestirá em um mundo sem fim. Oh, que bênção infinita ter essa esperança e estar tão seguro dela a ponto de antecipar alegrias antes que elas realmente cheguem até nós. "Em esperança, somos salvos" (Romanos 8:24).

IV

Observemos por um momento *o próprio âmbito da esperança*. O âmbito da esperança é "o que não vemos" (Romanos 8:25). A esperança que se vê não é esperança, pois o que se vê, por que ainda se espera? Portanto, irmãos, a verdadeira posse de um cristão não é o que ele vê. Imagine que Deus o faça prosperar neste mundo e o faça ter riquezas: agradeça-o, mas confesse que esses não são os seus tesouros. Uma hora com o Senhor Jesus Cristo trará mais satisfação ao cristão do que a maior medida de riqueza. Embora possa ter prosperado neste mundo, o santo ridicularizará a ideia de fazer do mundo a sua porção. Mil mundos com toda a alegria que eles poderiam render não são nada comparados com a nossa herança estabelecida. A nossa esperança não trata de ninharias; ela deixa os ratos do celeiro para as corujas e sobe em asas de águia onde alegrias mais nobres a esperam.

> Além, muito além do céu de meus olhos
> Onde as eras eternas se assentam;
> Onde nunca morrem os deleites sólidos,
> E os frutos eternos a alma sustentam.

Entretanto, é evidente que, neste momento, não desfrutamos destas coisas gloriosas que esperamos. O ímpio vocifera: "Onde está a sua esperança?", e confessamos que não vemos os objetos da nossa esperança. Por exemplo, não podemos afirmar que já somos perfeitos, nem esperamos fazê-lo enquanto estivermos neste corpo, mas cremos que seremos aperfeiçoados à imagem de Cristo no tempo designado pelo Pai. De modo algum o nosso corpo está livre de enfermidade neste momento, dores e sofrimento e cansaço nos lembram que o corpo está sob a morte por causa do pecado; no entanto, nossa firme convicção é que devemos exibir a imagem do que é celestial, assim como agora exibimos a imagem do que é terreno. Trata-se de temas de esperança e, portanto, fora da experiência atual. Não sejamos abatidos, porque é assim: temos de ter algo reservado à esperança para que nos alimentemos. Não podemos ter todo o céu e, no entanto, permanecer na terra. Caríssimos, se vocês se sentirem atormentados pelo pecado que habita em vocês, e sua santidade parece exaurida e apagada, não deixem de estar plenamente convencidos de que aquele que prometeu é capaz de cumprir.

Afastem, pois, a crítica daquilo que fazem, veem, sentem ou são. Subam para a esfera das coisas que serão. Vocês não conseguem fazer isso? Quando não há alegria no presente, há uma alegria infinita no futuro. Não digam: "Oh, mas está muito longe". Não está. Muitos de vocês têm sessenta, setenta, ou mesmo oitenta anos de idade; o seu tempo para a visão de Cristo no estado incorpóreo de vocês não pode estar longe, pois o fio da vida está por romper-se. Alguns de nós estão na meia-idade, mas como já atingimos a média de vida, somos obrigados a considerar que o nosso contrato de moradia está quase acabando; e como muitos são retirados no seu auge, podemos, a qualquer momento, ser levados à terra pela qual esperamos. Não devemos nos preocupar com o que faremos daqui a dez anos, pois é muito provável que já tenhamos entrado no descanso prometido e estejamos servindo ao Senhor dia e noite em seu templo, e contemplando seu rosto com alegria indizível. Mesmo supondo que qualquer um de nós deva ser condenado ao exílio do céu por mais cinquenta anos, o tempo de nossa permanência logo passará rapidamente. Trabalhemos ao máximo para a glória de Deus enquanto estamos aqui, pois os momentos desaparecem. Você não se recorda dessa época do ano passado em que a maturação do outono estava por todo o lado? Parece que foi ontem. Vocês, rapazes e moças, acham que o ano está demorando a passar, mas os idosos tem outra opinião. Os anos não demoram mais a passar, mas os cabelos celeremente embranquecem. Para mim, o tempo viaja tão depressa que os seus eixos estão a fumegar por causa da velocidade. O medo chora: "Oh, dê-me um pouco de espaço para respirar!" Mas a esperança responde: "Não, deixe os anos voarem, estaremos em nosso lar mais cedo". Há apenas um passo entre nós e o céu; não nos preocupemos com as coisas de baixo. Somos como pessoas em um trem expresso que veem uma visão desagradável nos campos, mas desaparece antes de terem tempo para pensar nisso. Se houver algum desconforto no transporte, se eles foram colocados em um compartimento de terceira classe quando tinham um bilhete de primeira classe, eles não se incomodam se for uma viagem curta. "Veja, diz um, acabamos de passar pela última estação e prontamente estaremos no terminal: não importa". Lancemo-nos ao futuro. Não necessitamos de um grande esforço da imaginação para nos projetar para o alto: podemos saltar essa pequena distância pela esperança e sentar-nos entre os tronos lá de cima. Decidam-se, meus irmãos, que, pelo menos por hoje, não se demorarão neste tempo nublado e terrestre, mas se elevarão até a eternidade brilhante e sem nuvens. Deixem estes riachos turvos e banhem-se no rio da esperança, cujas águas cristalinas fluem da fonte pura da alegria divina.

V

O nosso tempo fugiu, e devemos nos concentrar apenas olhando para *o efeito dessa esperança*, que é assim descrita: "Com paciência o esperamos" (Romanos 8:25). Esperamos e devemos esperar, mas não como criminosos para a execução; a nossa espera é como a da noiva para o casamento. Esperamos com paciência, constância, desejo e submissão. A alegria certamente virá, não temos dúvidas sobre isso: portanto, não reclamamos e murmuramos, como se Deus tivesse perdido seu compromisso, e nos fizesse esperar desnecessariamente. Não, o tempo que Deus estabeleceu é o melhor, e estamos contentes com isso. Não desejaríamos ficar aqui nem partir em nenhum momento, a não ser no tempo do Senhor. Diz-se que o querido Rowland Hill[3] procurou um velho amigo que estava morrendo, para que ele pudesse enviar uma mensagem para o céu, para John Berridge[4] e outros amados Johns que haviam partido antes dele, e ele divertidamente acrescentou uma palavra de esperança de que o Mestre não se esquecera do velho Rowland e o deixaria vir para casa no devido tempo; no entanto, ele nunca sonhou que poderia ser preterido. Entre as últimas expressões do famoso John Donne[5] estava esta: "Eu seria infeliz se não pudesse morrer". Esse seria um mundo horrível, de fato, se estivéssemos condenados a viver nele para sempre. Imagine uma certeza tão terrível diante de nós. Vi há algum tempo um senhor que me disse que nunca morreria, mas que deveria, em certos intervalos, abandonar os efeitos da idade e começar um novo período de vida. Ele gentilmente veio me dizer como eu poderia desfrutar do mesmo favor; mas como eu não sou ambicioso da imortalidade terrena, tal oferta não me tentou. Ele me disse que eu poderia renovar minha juventude e me tornar jovem

---

[3] Rowland Hill (1795-1879), professor e reformista britânico. É conhecido por inventar o selo postal, quando sugeriu a coroa britânica a taxação antecipada pelo envio de uma correspondência. (N.T.)

[4] John Berridge (1716-1793) foi um clérigo anglicano britânico e figura proeminente no movimento metodista do século 18, associado a líderes como John Wesley e George Whitefield. Ele pregou fervorosamente o Evangelho nas áreas rurais da Inglaterra e é lembrado por seu estilo de pregação apaixonado e suas atividades de evangelização ao ar livre. Berridge também foi conhecido por seu apoio às ideias do avivamento e seu compromisso com a fé cristã evangélica. Sua vida e ministério contribuíram para a disseminação do metodismo na Inglaterra e além.

[5] John Donne (1572-1631) foi um poeta e clérigo inglês da Renascença. Inicialmente conhecido por sua poesia amorosa e metafísica, ele posteriormente se converteu ao anglicanismo e tornou-se um sacerdote. Sua obra "Sermões" e sua influência na literatura inglesa marcaram uma transição do Renascimento para o Barroco. Donne é admirado por sua habilidade em unir complexidade intelectual e emoção em sua poesia e por seus sermões eloquentes.

novamente pelo espaço de centenas de anos, mas recusei suas condições e recusei o benefício a qualquer preço. Não desejo nada desse tipo; minha perspectiva mais confortável sobre esta vida é que ela desvaneça para a vida eterna. Parece-me que a coisa mais alegre sobre a vida mais alegre é que ela leva para o alto e para um estado melhor. Não me sinto infeliz nem descontente, mas, uma vez que tenho uma boa esperança de perfeição para a minha alma e corpo, e uma perspectiva segura de comunhão face a face com Deus, como posso falar bem de qualquer coisa que me separe de minha alegria? Sim, virá, certamente virá; portanto, esperemos pacientemente por isso. Quando Satanás nos atormentar, quando a tentação nos vencer, quando a aflição nos desgastar, quando as dúvidas nos atormentarem, suportemos a prova temporária com constância, pois em breve estaremos fora do alcance de um disparo. A consumação virá, e deve vir, e quando vier não nos lembraremos mais de nosso labor pelo júbilo, pois nosso céu nasceu para nós e nós para ele.

Agora, pois, vocês que não creem em Deus, digam-nos qual é a sua esperança. Proclamem-na no mundo, e deixem que todos a considerem. Qual é a sua esperança? Viver muito tempo? Sim, e depois? Criar uma família? Sim, e depois? Vê-los confortavelmente estabelecidos na vida? Sim, e depois? Ser avô de uma descendência numerosa? Sim, e depois? Atingir a velhice extrema em uma aposentadoria pacata? Sim, e depois? O véu cai. Deixe-me trazer isso à tona. O cemitério. O trono de Deus. A sentença em sua alma. A trombeta da ressurreição. Destruição final. Corpo e alma no inferno para sempre. Não há melhor perspectiva. Por favor, olhe pela janela e veja o que deve ser visto. O Senhor tem misericórdia de você e lhe dá uma esperança melhor. Quanto a vocês, crentes em Cristo, ordeno-lhes que comecem a cantar hoje os sonetos da vida futura. Embelezem sua vida de peregrino com a poesia da esperança.

9

UMA SALVAÇÃO LIVRE

"Sim, vinde e comprai, sem dinheiro e sem preço, vinho e leite."
Isaías 55:1

VEJAM bem, tenho algo para vender esta noite, tenho de convidá-los a vir e comprar aquilo que, no evangelho, esta noite será proclamado. Ora, é comum que as pessoas tenham alguma coisa para vender, e para isso expõem o item, descrevem suas características e falam das suas excelências, pois até que as pessoas tenham conhecimento da natureza daquilo que você expõe, não é provável que estejam dispostas a comprá-lo. Esse será o meu primeiro trabalho esta noite. Então aquele que tem algo para vender, em seguida, esforça-se para trazer aqueles que o ouvem até o preço que ele deseja vender. O meu trabalho esta noite é trazê-los até o preço: "Vinde e comprai, sem dinheiro e sem preço, vinho e leite". Concluirei, então, dirigindo algumas frases de sincera persuasão àqueles que desprezam a gloriosa salvação — que é nosso privilégio pregar —, e afastam-se destas generosas disposições: "Sem dinheiro e sem preço".

I

Em primeiro lugar, então, tenho de pregar hoje à noite *vinho e leite*: "Vinde e comprai [...] vinho e leite". Aí temos uma descrição do evangelho — vinho que alegra o coração do ser humano; leite, a única coisa no mundo que contém todos os elementos essenciais da vida. A pessoa mais forte pode viver de leite, pois nele há tudo o que é necessário para a estrutura humana — para os ossos, para os tendões, para os nervos, para os músculos, para a carne — tudo está lá. Aí temos uma dupla descrição. O evangelho é como o vinho que nos alegra. Deixe uma pessoa conhecer verdadeiramente a graça de nosso Senhor Jesus Cristo, e ela será feliz, e quanto mais ela bebe no espírito de Cristo, mais feliz ela se tornará. A religião que ensina que o sofrimento é um dever é obviamente falsa, pois Deus, quando fez o mundo, projetou a felicidade de suas criaturas. Vocês não podem deixar de pensar, quando veem tudo ao seu redor, que Deus procurou diligentemente, com a mais estrita atenção, meios de agradar ao ser humano. Ele não apenas proveu por nossas necessidades absolutas, Ele nos deu mais, não apenas o útil, mas até mesmo o ornamental: as flores no cercado, as estrelas no céu, as belezas da natureza, a colina e o vale — todas essas coisas foram destinadas não apenas porque precisávamos delas, mas porque Deus nos mostraria como Ele nos amava e como Ele estava ansioso para que fôssemos felizes. Agora, não é nada provável que o Deus que fez um mundo exultante enviaria uma salvação infeliz. Aquele que é um Criador exultante será um Redentor exultante, e aqueles que provaram que o Senhor é gracioso, podem testemunhar de que os caminhos da religião "são caminhos de delícias, e todas as suas veredas, paz" (Provérbios 3:17). E se esta vida fosse tudo, se a morte fosse o sepultamento de toda a nossa vida, e se as vestes sepulcrais fossem o revestimento da eternidade, ainda assim, ser cristão seria uma coisa brilhante e exultante, pois ilumina esse vale de lágrimas e enche os tanques no vale de Baca (Salmos 84:6) até a borda com fluxos de amor e alegria. O evangelho, então, é como o vinho. É como o leite também, pois tudo o que se precisa está no evangelho. Você quer algo que o sustente em meio às dificuldades? Está no evangelho: "Socorro bem-presente na angústia" (Salmos 46:1). Você precisa de algo que lhe dê coragem para cumprir o seu dever? Há graça suficiente para tudo o que Deus os chama para que se submetam ou realizem. Você precisa de algo para iluminar os olhos da sua esperança? Oh, há lampejos de alegria no evangelho que podem fazer seus olhos voltarem a resplandecer as chamas imortais da bem-aventurança. Quer algo que o faça permanecer firme em meio a tentação? No evangelho há aquilo que pode torná-los inabaláveis, sempre abundantes na obra do Senhor. Não há sentimento, afeto, pensamento, desejo, ou poder que o evangelho não tenha preenchido até bordão máximo. O evangelho foi evidentemente destinado à humanidade; está adaptado a ela em todas as suas facetas. Há conhecimento para o cérebro; há amor para o coração; há orientação para os passos. Há leite e vinho no evangelho de nosso Senhor Jesus Cristo.

E penso que há outro significado nestas duas palavras "leite e vinho". O vinho, sabe-se, é algo valioso, algo que requer muito tempo para ser fabricado. Tem de haver colheita, fermentação e conservação antes que o vinho possa chegar ao seu sabor pleno. Agora, o evangelho é assim, é uma coisa extraordinária para os dias de festa; dá à pessoa o poder de usar uma colheita de pensamento, uma fermentação de ação e uma conservação da experiência, até que a piedade de alguém apareça como o vinho espumante que faz o coração saltar de alegria. Como digo, há algo na religião que faz com que isso seja uma coisa extraordinária, uma coisa para raras ocasiões, a ser trazida quando os príncipes se sentam à mesa. Entretanto, o leite é uma coisa comum; você o obtém todos os dias, em qualquer lugar. Se você apenas correr para o terreno da fazenda, lá está ele; não há preparação necessária, está pronto ao alcance da mão, e é algo comum. Assim é com o evangelho: é uma coisa para todos os dias. Eu amo o evangelho aos domingos, mas, bendito seja Deus, trata-se de um evangelho para as segundas-feiras também. O evangelho é uma coisa para a igrejinha, e é uma coisa para a igreja grande, lá ele é como o vinho. No entanto, é também algo para o terreno da fazenda, é algo que você pode observar no trabalho de plantio e sobre o qual pode cantarolar atrás do balcão do comércio. A religião de Cristo é uma coisa que vai com você para a sua loja, para os negócios, para o mercado, em todos os lugares. É como o leite — uma bebida de todos os dias — uma coisa que podemos sempre ter, e o qual podemos sempre beber muito. Oh, graças ao céu! Há vinho para aquele dia glorioso em que veremos o Salvador face a face; há vinho para aquele dia terrível em que atravessaremos a corrente do Jordão — vinho que removerá nossos medos e nos fará cantar no meio das ondas escuras da morte: mas graças a Ele, há leite também — leite para ocorrências cotidianas, para ações recorrentes, leite para bebermos enquanto vivermos e leite para nos cuidar até o último grande dia chegar.

Agora, acho que expliquei a figura no meu texto; mas ainda assim alguns dirão: "O que é o evangelho?" Bem, o evangelho, como eu o entendo, pode ser visto de várias maneiras, mas vou colocá-lo assim: o evangelho é a pregação de um perdão completo, gratuito, vigente e eterno aos pecadores através do sangue expiatório de Jesus Cristo. Se eu entendo o evangelho, ele tem muito mais do que isso; mas ainda assim essa é a essência dele. Tenho de pregar hoje à noite o grande fato de que, embora todos tenham pecado, Cristo morreu, e para todos os contritos que agora confessam seus pecados e depositam sua confiança em Cristo, há um perdão completo e gratuito a esse respeito, e que você nada pode fazer para obtê-lo. O pecador mais perverso, assolado pelo pecado, tem simplesmente de derramar suas lamentações diante de Deus; isso é tudo o que Ele pede. Não há necessidade de se adequar:

"Toda a adequação que Ele exige,
É sentir sua necessidade do Senhor:

E isso Ele lhe dá;
É o brilho de seu Espírito remidor."[1]

Não há necessidade de passar por anos de penitência, de trabalho duro e de provação; o evangelho é tão livre quanto o ar que respiramos. Você não paga pela respiração; você não paga para ver a luz do sol, tampouco pela água que flui no rio enquanto você se inclina para beber quando está com sede. Portanto, o evangelho é gratuito; nada deve ser feito para obtê-lo. Não é necessário recorrer a méritos para o obter. Há perdão gratuito para o principal dos pecadores através do sangue de Jesus Cristo. Contudo, eu disse que era um perdão completo, e assim é. Quando Cristo faz alguma coisa, nunca o faz pela metade. Ele está disposto, esta noite, a apagar todo pecado e limpar toda iniquidade de toda alma presente que está agora preparada pela graça de Deus para buscar sua misericórdia. Se agora, pecador, Deus colocou em seu coração buscá-lo, o perdão que Ele está preparando para lhe dar é completo; não um perdão por uma parte de seus pecados, mas por todos de uma vez:

---

[1] Trecho de *Come, Ye Sinners, Poor and Wretched* (Vinde, vós pecadores, pobres e miseráveis), um hino cristão de origem anglicana que foi escrito por Joseph Hart, um autor de hinos britânico do século 18. O hino foi publicado pela primeira vez em 1759 e desde então se tornou uma parte significativa do repertório de hinos protestantes. A letra do hino convida os pecadores a se aproximarem de Jesus Cristo em busca de redenção e perdão. Ele reconhece a condição pecaminosa e necessidade de salvação de todos, enfatizando que, independentemente do quão pobres e miseráveis possam se sentir espiritualmente, há esperança e graça disponíveis através de Cristo. O hino transmite a mensagem central do evangelho de que a salvação está aberta a todos, independentemente de seu passado ou estado atual. A melodia frequentemente associada a este hino é conhecida como "Restoration" e é uma melodia tradicional americana que se harmoniza bem com as palavras de Joseph Hart. "Come, Ye Sinners, Poor and Wretched" é considerado um hino de convite, destinado a encorajar as pessoas a aceitar a salvação oferecida por Jesus e a se voltarem para Ele em arrependimento e fé. É uma expressão da graça redentora de Deus e da oportunidade de reconciliação para todos os pecadores. Este hino é amplamente apreciado em muitas denominações cristãs e continua sendo cantado em igrejas ao redor do mundo como uma expressão de adoração e louvor.

"Aqui há perdão às transgressões do passado,
Não importa o quão vil o seu estado,
E, oh, minha alma contempla em louvor,
pois há perdão para o pecador."[2]

Aqui está o perdão por sua embriaguez, perdão por seus praguejamentos, perdão por sua luxúria, perdão por sua rebelião contra o céu; pelos pecados de sua juventude e os pecados de sua velhice, pelos pecados do santuário e os pecados do prostíbulo, ou da taberna. Aqui está o perdão de todos os pecados, pois "o sangue de Jesus Cristo, seu Filho, nos limpa de todos os pecados". Mas, novamente, o perdão que temos de pregar é um perdão vigente. Se você sentir necessidade de um Salvador, se agora você estiver capacitado a crer em Cristo, você será perdoado agora. Aqueles que têm esperanças comuns dizem que esperam ser perdoados quando encontrarem a morte. Contudo, amados, essa não é a religião que pregamos. Se agora confessarem o pecado, agora buscarem ao Senhor, serão perdoados agora. É possível que alguém tenha entrado aqui com todos os seus pecados pendurados no pescoço, como uma gigantesca pedra capaz de afundá-lo mais baixo do que o inferno mais inferior, e ainda assim sair por esta porta com todo pecado apagado. Se agora ele está capacitado a crer nele, ele pode, esta noite, receber o perdão perfeito da mão de Deus. O perdão de um pecador não é uma coisa consumada quando ele está morrendo, é consumada quando ele está vivo — consumada agora. E há aqui alguns, creio eu, e não são

---

[2] Trecho de *O That I Had a Seraph's Fire* (Ah, se eu tivesse o fogo de um serafim), um hino cristão cuja letra foi escrita por Benjamin Beddome, um ministro batista inglês do século 18. A letra deste hino expressa um profundo desejo espiritual por uma fé ardente e uma devoção mais intensa a Deus. O título do hino faz referência a um serafim, uma classe de anjos mencionada na Bíblia, especialmente no livro de Isaías, que são conhecidos por sua proximidade com Deus e fervor celestial. A letra do hino implora por uma experiência espiritual semelhante à dos serafins, buscando uma comunhão mais profunda com Deus.

poucos, que podem regozijar-se hoje à noite pelo fato de terem sido perdoados. Oh, não é uma coisa magnífica para uma pessoa ser capaz de pisar a terra de Deus com uma canção assim em sua boca: "Estou perdoado, estou perdoado, estou absolvido"? Penso que é uma das canções mais doces de todo o mundo — pouco menos doce do que a dos querubins perante o trono —

> "Oh, que doce ver irromper
> Da sua alma sangue redentor!
> Com a divina certeza de saber,
> Que Cristo me deu paz com meu Senhor."

Oh, o que vocês dariam por uma salvação como essa, oh, almas chorosas? É pregado a vocês sem dinheiro e sem preço, e eu sou ordenado a gritar: "Olhe, olhe, todo aquele que tem sede; se sentir necessidade de Cristo, se agora está pronto a confessar os seus pecados, venha tomá-lo livremente, sem dinheiro e sem preço". O melhor, porém, permanece para o fim. O perdão proclamado hoje à noite não é apenas um perdão gratuito, completo e vigente, mas um perdão que durará para sempre. Se um monarca perdoa alguém — concede um perdão gratuito — é impossível que a pessoa seja punida pelo mesmo delito. Muitas vezes, porém, o monarca concede um indulto que não é um indulto total. Há casos em que as pessoas são perdoadas, que não são executadas pelo crime, mas confinadas enquanto aprouver à sua Majestade. Ora, o nosso Senhor nunca faz isso; Ele faz uma limpeza total: não há um pecado que ele concede permanecer. Quando lava uma alma, deixa-a mais alva que a neve. Deus faz as coisas de forma perfeita. O melhor de tudo, no entanto, é que o que Ele faz uma vez é feito para sempre. Essa é a própria glória do evangelho. Se você receber perdão hoje à noite, estará salvo agora e nunca será condenado. Se alguém crê em Cristo com todo o seu coração, a sua salvação está segura longe do perigo; e sempre vejo isso como a própria joia da coroa da salvação: que o perdão é algo irreversível. Se eu entregar a minha alma nas mãos de Deus,

> "Sua honra está empenhada em salvar
> A sua ovelha mais vil.
> Tudo o que o Pai Celestial a Cristo dá
> A sua santa mão garantiu.
>
> Nem a morte nem o inferno dividirão
> Seus escolhidos de seu amor;
> Para sempre descansarão
> No doce seio do Senhor."[3]

Deus não faz de você seu filho hoje, e o transforma amanhã; Ele não o perdoa hoje, e depois o pune no dia seguinte. Tão certo como Deus é Deus, se você obtiver o seu perdão hoje, ó cristão, a terra pode derreter-se assim como a espuma se dissolve na onda que a carrega e se perde para sempre; o grande universo pode passar e ser como a geada antes do sol da manhã; mas você nunca pode ser condenado. Enquanto Deus for Deus, aquele que tem o seu perdão outorgado e selado, está fora do alcance do mal. Eu não pregaria nada que não fosse isso — não ousaria. Não valeria a pena vocês ouvirem, não valeria a pena dar-me ao trabalho de pregar; mas vale a pena que qualquer um o tenha, pois é um investimento seguro. Aquele que se coloca nas mãos de Cristo tem um guardião seguro, aconteça o que acontecer — e pode haver fortes tentações e fortes paixões, e

---

[3] Trecho de *Saints in the Hand of Christ* (Santos nas mãos de Cristo), um hino cristão cuja letra foi escrita por Augustus M. Toplady, um clérigo e poeta inglês do século 18. A letra deste hino aborda temas da segurança da salvação e da confiança na proteção divina. O título do hino, "Saints in the Hand of Christ" (Santos nas mãos de Cristo) faz referência à crença de que aqueles que têm fé em Jesus Cristo estão seguros nas mãos de Deus. É uma expressão da confiança de que Deus guarda e protege seus filhos espirituais.

pode haver fortes dores e árduos deveres, mas aquele que nos auxiliou nos sustenta e nos torna mais do que vencedores também. Que maravilhoso é ser perdoado de uma só vez, com a certeza de que seremos perdoados para sempre, sem risco de sermos rejeitados!

E agora, mais uma vez, vou apenas pregar esta salvação, pois este é o vinho e o leite que é proclamado sem dinheiro e sem preço. Amados, tudo isso deve ser adquirido pela fé em Cristo — todo aquele que crê naquele que morreu sobre o madeiro, e afligiu sua vida por nós — nunca entrará em condenação: ele é transladado da morte para a vida, e o amor de Deus permanece nele.

II

E agora, tendo assim exposto o tópico, o meu próximo intento é *trazer os licitantes para a mesa de leilão e fazer a venda*. A minha dificuldade é trazer você ao meu preço, como disse o velho Rowland[4]. Ele pregava em uma feira quando ouviu um homem vendendo os seus bens. "Ah!, disse ele, quanto àquelas pessoas ali, a dificuldade delas é fazer com que os outros cheguem a seu alto preço; ao passo que a minha dificuldade é fazer com que paguem meu preço baixo".

Agora, eis aqui um evangelho pregado por completo, sem dinheiro e sem preço. Eis que alguém se aproxima da mesa sagrada, transformada no momento em uma mesa de leilão, e ele grita: "Eu quero comprar". O que você daria por isso? Ele estende as mãos, e ele tem sua mão cheia; ele tem de se levantar pois há mais com mais coisas, pois ele mal consegue segurar todas as suas boas obras. Ele tem incontáveis ave-marias e pai-nossos, e todos os tipos de aspersões com água benta, e quantas vezes dobrou os joelhos, e prostrações diante do altar, e reverência à hóstia, e assiduidade à

---

[4] Rowland Hill (1795-1879), professor e reformista britânico. É conhecido por inventar o selo postal, quando sugeriu a coroa britânica a taxação antecipada pelo envio de uma correspondência. (N.T.)

missa, e assim por diante. Isso tudo é uma grande bagunça, mas há muitas pessoas que confiam nisso; e quando se achegam diante de Deus, trazem todas essas coisas como o fundamento de sua confiança.

E, caro católico, é assim que você vem buscar a salvação? E você trouxe tudo isso com você? Amigo, sinto muito por você, mas você tem de afastar-se da mesa com todos esses seus rituais, pois é "sem dinheiro e sem preço", e até que você esteja preparado para vir de mãos vazias, nunca poderá ter salvação. Se você tem alguma coisa sua, você não pode receber salvação. "Mas, diz ele, não sou nenhum herege. Não sou eu fiel ao Papa? Não faço eu confissão, não obtenho absolvição e não dou minha oferta?" Mesmo, meu amigo? Então, porque você dá sua oferta por isso se de nada serve, e como pode ser bom algo que se obtém 'sem dinheiro e sem preço' A luz elétrica pela qual pagamos é algo fraco, mas a que recebemos do céu gratuitamente é luz rica e forte que alegra o coração. Assim, o perdão que vem de Cristo é "sem dinheiro e sem preço".

Em seguida, outro aparece e diz: "Estou feliz que você tenha servido o catolicismo assim. Odeio a Igreja de Roma, sou um verdadeiro protestante e desejo ser salvo". E você, o que trouxe? "Oh, eu não trouxe ave-marias, nem pai-nossos; mas eu faço uma oração na igreja todos os domingos; não descuido de minhas orações; chego à igreja assim que as portas são abertas", ou (se ele for de uma igreja não denominacional): "Eu vou ao templo três vezes no domingo e participo das reuniões de oração e, além disso, dou dinheiro àqueles na cadeia. Preferia até dar mais dinheiro. Não quero magoar ninguém. Não passo por cima de um pobre coitado se posso ajudá-lo, sou sempre generoso e ajudo os pobres quando posso. Posso cometer um pequeno deslize de vez em quando. Posso me desviar um pouco; ainda assim, se eu não for salvo, não sei quem será. Sou tão bom quanto os meus próximos, e penso, meu senhor, que certamente devo ser salvo, pois tenho bem poucos pecados, e os poucos que existem não ferem outras pessoas; eles me ferem mais do que a qualquer outro. Além disso, meus pecados são meras ninharias; apenas um ou dois dias no ano eu me permito, e uma pessoa deve ter um pouco de diversão no fim das contas. Garanto-lhe que sou uma das melhores pessoas, das mais honestas, sóbrias e religiosas". Bem, meu amigo, lamento ouvi-lo discutir com o católico, pois não gosto de ver irmãos gêmeos discordarem. Creia no que lhe digo, ambos são iguais, pois a essência do papado é a salvação através de obras e cerimônias. Você não pratica suas obras e cerimônias, mas então espera ser salvo por si mesmo, e você é tão ruim quanto ele. Eu o mandarei embora; não há salvação para você, pois é "sem dinheiro e sem preço"; e enquanto você trouxer essas belas boas obras suas, você não poderá obter salvação. Prestem atenção: não encontro nenhuma falha neles, eles são bons o suficiente onde estão, mesmo assim eles não irão se eximir aqui hoje à noite, muito menos no tribunal da justiça de Deus. Pratiquem essas coisas o quanto quiserem, pois elas são boas em si mesmas. Mas ainda assim, em questão de salvação, você deve deixá-las de fora, e vir para ela como pobres pecadores culpados e levá-la "sem dinheiro e sem preço". Alguém pode dizer: "Você encontra falhas nas boas obras?" De modo algum. Suponha que eu veja alguém construindo uma casa, e ele foi insensato o suficiente para assentar o alicerce com material de acabamento. Se eu dissesse: "Meu caro, não gosto que esses materiais sejam colocados no alicerce", não diria que encontrei falhas no material, mas que encontrei falhas na pessoa por colocá-lo no lugar errado. Deixe-o colocar uma boa alvenaria sólida no alicerce, e então, quando a casa for construída, ele poderá fazer quantos acabamentos quiser. Assim, com boas obras e cerimônias, eles não assentarão uma fundação. A fundação tem de ser construída com material mais sólido. Nossa esperança deve ser construída sobre nada menos do que o sangue e a justiça de Jesus, e quando tivermos construído um fundamento com isso, poderemos ter tantas boas obras quanto quisermos — quanto mais, melhor. Contudo, para uma fundação, as boas obras são coisas inconstantes e fracas, e quem as usa verá a sua casa desmoronar.

Vejam, porém, outra pessoa. Ele está muito longe e diz:

> Senhor, tenho medo de me aproximar; não pude vi e fazê uma oferta pela salvação. Senhor, eu não tenho instrução, não sou pessoa estudada, não consigo nem lê um livro; eu gostaria de podê. Meus fio vão pra escola dominical; eu gostaria que tivesse uma coisa assim no meu tempo; eu não sei lê, e de nada adianta minha esperança de ir pro céu. Eu vou à igreja às veiz, mas, ai! Isso não adianta nada não!; o home lá fala umas palavra tão longa que eu não consigo entendê elas, e eu vou no templo às veiz, mas não consigo entendê. Conheço um pouco dos hino que o meu filho diz: Doce Jesus, manso e suave"[5] e: "Oh, que alegria será quando nos encontrarmos e não nos separarmos mais". Eu gostaria que eles pregasse assim, e então, talvez, eu pudesse entendê. Mas não sou pessoa estudada, senhor, e acho que não posso sê salvo.

Meu caro amigo, você não precisa ficar lá no fundo. Aproxime-se. Não lhe é exigido erudição para que você vá para o céu. Quanto mais você souber, melhor será para você na terra, sem dúvida, mas não será de nenhuma utilidade particular para você no céu. Se você pode "ler o seu nome claramente nas mansões nos céus", se você sabe o suficiente para reconhecer a si mesmo como um pecador perdido, e Cristo como um grande Salvador, isso é tudo que você precisa saber para chegar ao céu. Há muitas pessoas no céu que nunca leram uma carta na terra — muitas que não poderiam, se sua vida dependesse disso, ter assinado seu nome,

---

[5] Trecho de *Gentle Jesus* (Gentil Jesus), hino composto por George Henry Loskiel, um líder e missionário morávio do século 18. Ele serviu como missionário e ministro em várias partes do mundo, incluindo a América do Norte. "Gentle Jesus" é um dos hinos mais conhecidos e amados da tradição morávia, e sua música e letra têm sido uma fonte de inspiração espiritual para muitos ao longo dos anos. O hino enfatiza a gentileza e o amor de Jesus Cristo, convidando os crentes a se aproximarem dele e encontrarem paz e conforto em sua presença. A composição de Loskiel tem tocado corações e servido como uma expressão de devoção e adoração a Jesus em várias comunidades cristãs.

mas foram obrigados a escrever uma cruz como "a marca de Thomas Stiles[6]" e lá está ela entre os mais brilhantes. O próprio Pedro não tem um lugar mais especial do que as pobres almas ignorantes que olhavam para Jesus Cristo e eram iluminadas. Vou dizer-lhe algo para confortá-lo. Você não sabe que Cristo disse que os pobres ouviram a pregação do evangelho e, além disso, disse: "Se não vos converterdes e não vos fizerdes como crianças, de modo algum entrareis no Reino dos céus" (Mateus 18:3). O que significa isso senão que devemos crer no evangelho como crianças pequenas? Uma criança pequena não tem muito aprendizado: ela apenas crê no que lhe é dito, e é isso que você deve fazer. Você deve crer no que Deus lhe diz. Ele diz que Jesus Cristo veio ao mundo para salvar os pecadores. Não é difícil, não é mesmo? Você pode crer nisso; e se você puder, se você é destituído de todo o conhecimento humano, você deve, sem dúvida, saber no futuro o que você não sabe agora.

Agora, vejo um homem chegar aos bancos da igreja, e ele diz: "Bem, eu vou ter a salvação, senhor; eu fiz em meu testamento provisões para a construção de uma igreja ou duas, e algumas casas de caridade; eu sempre dedico uma parte de meus proventos para a causa de Deus; eu sempre alivio os pobres, e coisas semelhantes; tenho uma boa parte de dinheiro, e tomo cuidado para não o acumular; eu sou generoso e benevolente, tento estabelecer comerciantes pobres, e assim por diante. Isso não me levará para o céu?" Bem, gosto muito de você e gostaria que houvesse mais pessoas do seu tipo. Não há nada como generosidade e benevolência, certamente, onde é exibido para os doentes e os pobres, os destituídos e os ignorantes, e na causa de Deus; mas se você trouxer essas coisas como sua esperança para entrar no céu, meu caro amigo, eu devo lhe dizer que de nada adiantam. Não se pode comprar o céu com ouro. Ora, eles pavimentam as ruas lá em cima com ele. Não nos é dito no livro de

---

[6] Thomas Stiles foi capitão do exército inglês durante a Guerra Civil Inglesa (1642-1651). (N.T.)

Apocalipse que as ruas da cidade eram todas de ouro puro, como vidro transparente. Ora, se tivesse vinte mil libras, não poderia comprar uma laje com ela. O barão Rothschild[7] não poderia comprar um pequeno quadrado do céu se gastasse todo o seu dinheiro para isso. É um lugar demasiado precioso para ser comprado com ouro e prata. Se toda a riqueza das Índias pudesse ser disponibilizada para comprar um vislumbre do céu, seria inútil. Não há quem possa obter tanto quanto um relance distante dentro de suas portas peroladas por todo o ouro que o coração poderia conceber ou cobiça desejar. É dado de graça. Cristo nunca a venderá — nunca — porque não há nada que possa ser trazido igual ao seu valor. O que Cristo comprou com sangue não se pode comprar com ouro. Ele nos redimiu não com coisas corruptíveis, como prata e ouro, mas com seu precioso sangue; e não há outro preço que possa ser aceito. Ah, meu amigo rico, você está apenas no mesmo nível do seu trabalhador mais pobre. Você pode usar um tecido caro, e ele vestir-se com um tecido mais barato, mas ele tem uma oportunidade tão boa de ser salvo quanto você. Ah, minha senhora, o cetim não tem preferência no céu acima do calicô[8] ou do algodão.

"Ninguém é excluído, exceto aqueles que excluem a si mesmos."

A riqueza faz distinção na terra, no entanto, não faz distinção alguma à cruz de Cristo. Todos vocês devem vir igualmente aos pés de Jesus, ou então não devem vir. Conheci um pregador que me disse que uma vez foi enviado para o leito de morte de uma católica que estava muito bem no mundo, e ela disse: "Sr. Baxter, você acha que quando eu chegar ao céu, Betsy, minha serva estará lá?" "Bem, disse ele, não sei muito sobre você, mas Betsy estará lá; pois se eu conheço alguém que é uma garota piedosa, é ela." "Bem, disse a senhora, não acha que haverá uma pequena

---

[7] Nathan Rothschild (1840-1915) foi um banqueiro e político do Reino Unido. (N.T.)
[8] Tecido de origem indiana, a base de algodão e muito importado pela Inglaterra durante a Companhia das Índias Orientais (1600-1874). (N.T.)

distinção? Pois eu nunca poderia conceber em meu coração sentar-me com uma garota desse tipo, ela não tem gosto, tampouco educação, e eu não poderia suportar isso. Penso que deveria haver uma pequena diferença." "Ah, você não precisa se incomodar, senhora, disse ele, haverá uma grande distinção entre você e Betsy, se você morrer com disposição com a qual está agora; mas a distinção estará do lado errado; pois você a verá no seio de Abraão, mas você mesmo será expulsa. Enquanto você tiver tanto orgulho em seu coração, jamais poderá entrar no reino do céu". Ele falou com ela muito claramente, e ela ficou imensamente ofendida. Creio, porém, que ela preferiu ver-se fora do céu a ceder e sentar-se com a sua serva Betsy. Respeitemos posição e título aqui, por favor: mas quando pregamos o evangelho, não conhecemos tal coisa. Se eu pregasse a uma congregação de reis, pregaria exatamente o mesmo evangelho que pregaria a uma congregação de lavradores. O rei em seu trono, e a rainha em seu palácio, não têm um evangelho diferente de você e de mim. Por mais humildes e obscuros que possamos ser, a porta do céu permanece aberta; eis a estrada real do Rei para nós. A estrada é tanto para o pobre como para o rico; assim é o reino dos céus: "sem dinheiro e sem preço".

Agora ouço meu amigo calvinista dizer: "Muito bem, eu gosto disso, e ainda creio que possa achegar-me e possa dizer com você: "nada em minhas mãos trago, simplesmente à tua cruz me apego."[9]

No entanto, ainda posso dizer isto: "Tive uma experiência profunda, senhor; fui levado a ver o tormento de meu próprio coração e isso me foi muitíssimo pesado. Quando venho a Cristo, confio muito nos meus sentimentos. Eu não acho que você está certo em chamar todos os tipos de pecadores para virem a Cristo, mas você está certo em me chamar, pois eu sou o tipo certo. Sou do tipo publicano; sou farisaico o suficiente para

---

[9] Trecho de Rock of Ages, Cleft for Me (Rocha Eterna, fendida por mim), um hino cristão muito conhecido e amado, escrito por Augustus M. Toplady em 1763. A letra desse hino expressa uma profunda dependência da graça salvadora de Deus, usando a imagem de uma rocha como um refúgio seguro para os crentes.

pensar isso; acho que certamente tenho uma comissão especial para vir, pois tenho uma experiência tal que, se escrevesse minha biografia, você diria: 'Esta é uma boa experiência; este homem tem o direito de vir a Cristo." "Bem, amigo, lamento aborrecê-lo, mas serei obrigado a fazê--lo. Se você trouxer a sua experiência a Cristo quando vier a ele, você é tão mau quanto o católico que traz as suas missas e as suas ave-marias. Eu gosto muito da sua experiência, se é a obra da graça de Deus em seu coração, mas se você a trouxer quando você vem a Cristo, você coloca isso antes de Cristo, e é um anticristo. Fora com isso! Fora com isso! Nos momentos em que pregamos aos pobres pecadores e tentamos descrever seu estado por natureza e seus sentimentos, tive medo, afinal, de que estivéssemos promovendo um espírito de justiça própria e ensinando nossos ouvintes a pensar que eles devem ter certos sentimentos, antes que possam vir a Cristo. Permita-me apenas, se eu puder, pregar o evangelho da forma mais ampla possível, e essa é a forma mais verdadeira. Cristo não quer os seus sentimentos tanto quanto quer o seu dinheiro, isto é, de forma alguma. Se você quer uma boa experiência, você deve vir a Cristo:

"Toda a adequação que necessita,
É sentir a sua necessidade do Senhor."

Sim, mas espere:

"Isso Ele lhe dá,
O brilho ressuscitador de seu Espírito."

Você deve vir a Cristo para obter tudo. Você não deve dizer: "Bem, eu vou crer primeiro e depois vir". Não; vá a Cristo pela fé. Você deve olhar para a cruz para ter uma percepção do pecado. Não sentimos tanto os nossos pecados antes de vermos a cruz, mas os sentimos mais tarde. Primeiro olhamos para Cristo; depois, o arrependimento flui de ambos os nossos olhos lacrimejantes. Lembre-se, se você for a qualquer outro lugar para encontrar um Salvador, você está no caminho errado. Se tentarmos levar alguma coisa a Cristo, para usar um provérbio familiar, é como lançar água no mar. Ele tem fartura — não quer nada do que é seu e, além disso, assim que vir alguma coisa nas suas mãos, irá rejeitá-la imediatamente. Ele não terá nada a ver com você até que você possa dizer:

"Nada em minhas mãos trago, simplesmente à tua cruz me apego."

Ouvi falar de um escravizado africano que estava convencido de seu pecado e, ao mesmo tempo, seu mestre estava também convencido. O escravizado encontrou paz com Deus, mas seu mestre a estava buscando há muito tempo sem qualquer esperança de consegui-la; e finalmente ele disse: "Eu não posso entender como é que você encontrou alívio tão prontamente, e eu não posso obtê-lo de forma alguma". Então o escravizado, depois de pedir ao seu mestre para que desculpasse a sua pretensão de falar, disse: "Meu sinhô, eu penso que é apenas isso: quando Jesus diz: 'Vem, Ele diz: 'Eu dou prôce uma justiça que cobre da cabeça aos pés". Eu, pobre escravo, olho pra mim mesmo, coberto de trapo imundo, e digo: "Sinhô, me veste porque tô nu' — e lá se vão os meus trapo. Agora, meu sinhô, ocê não é tão mau ansim. Quando Ele diz: 'Vem, ôce então oia pr´o seu casaco e diz: 'Bem, este casaco precisa de um pouco de conserto, mas eu acho que ele vai durá um pouco mais. Tem um grande buraco aqui, mas um pouco de cerzido e costura vai fazê ele novinho.' Então, meu sinhô, ocê fica com seu casaco veio; ocê continua cerzindo e costurando, e ocê nunca consegue alívio. Mas se o tirasse, conseguia alívio imediatamente". É apenas isso: estamos tentando obter algo antes de ir a Cristo.

Agora, ouso dizer nesta congregação que tenho uma centena de frases diferentes dessa que remetem a essa tolice do ser humano — o desejo de levar algo a Cristo. "Oh, diz alguém, eu iria a Cristo, mas tenho sido um grande pecador". É o ego novamente, meu caro; o fato de você ser um grande pecador não tem nada a ver com isso. Cristo é um grande salvador; e por maior que seja o seu pecado, a sua misericórdia é maior do que isso. Ele convida-o simplesmente como pecador. Seja você grande ou pequeno, Ele pede que você venha a Ele e tome sua salvação "sem dinheiro e sem preço". Outro diz: "Ah, mas eu ainda não sinto suficientemente". Ego novamente. Ele não pergunta sobre seus sentimentos, Ele simplesmente diz: "Olhai para mim e sereis salvos, vós, todos os termos da terra" (Isaías 45:22). "Mas, meu senhor, eu não consigo orar". Ego novamente. Você não deve ser salvo por suas orações; você deve ser salvo por Cristo, e sua tarefa é simplesmente olhar para Cristo. Ele irá ajudá-lo a orar depois. Você deve começar pela extremidade correta, agarrando-se apenas à cruz do Senhor e confiando nela. "Mas, diz outro, se eu me sentisse como fulano de tal se sentiu". Ego novamente. Que direito tem para falar assim? Cristo é para onde você deve olhar, não para si mesmo. "Sim, você diz, acho que Ele receberia qualquer um exceto a mim". Por favor, quem lhe deu qualquer permissão para pensar dessa maneira? Ele não diz: "E o que vem a mim de maneira nenhuma o lançarei fora" (João 6:37)? Por que o seu pensamento está levando sua alma à ruína eterna? Desista de pensar e creia. Seus pensamentos são os pensamentos de Deus? Lembre-se, os pensamentos de Deus são tão mais elevados do que os seus como o céu é mais elevado do que a terra; "mas, diz alguém, eu o busquei e não o encontrei". Caro amigo, pode realmente dizer que veio a Cristo sem nada na sua mão, e olhou somente para Ele, e ainda assim Ele o rejeitou? Não ouse dizer uma coisa dessas? Não, se a Palavra de Deus é verdadeira, e você é verdadeiro, você não pode dizer isso. Ah, lembro-me de como isso calou fundo em meu coração quando ouvi a minha mãe falar sobre isso uma vez. Passei alguns anos procurando a Cristo, e nunca pude crer que Ele me salvaria. Ela disse que tinha ouvido muitas pessoas praguejarem e blasfemarem contra Deus, mas uma coisa ela nunca tinha ouvido — ela nunca tinha ouvido alguém dizer que tinha procurado a

Cristo, e Cristo o rejeitara. "E, disse ela, eu não acredito que Deus permita que qualquer um viva para fazer tal declaração". Bem, pensei que poderia dizê-lo; pensei que o tinha procurado, e Ele me tinha rejeitado, e decidi que o diria, mesmo que isso destruísse a minha alma: falaria o que pensava ser a verdade. Mas, disse a mim mesmo, "tentarei mais uma vez" e fui ter com o Mestre, sem nada de mim, lançando-me simplesmente sobre a sua misericórdia; e cri que Ele morrera por mim: e nunca pronunciei tais palavras, e bendito seja o seu santo nome, sei que nunca as falarei. Tampouco você as falará. Prove-o.

"Apenas prove o amor dele;
E então tenha certeza
De quão feliz é somente aquele
Que do amor de Deus faz sua fortaleza"[10]

Se você chegar a esse preço, e tomar Cristo sem nada de si mesmo, assim como Ele é, "sem dinheiro e sem preço", você não encontrará um Mestre endurecido.

III

Agora, tenho de usar *alguns argumentos* com vocês, e que Deus os aplique aos corações! Em primeiro lugar, gostaria de falar com alguns de vocês que nunca pensam nessas coisas. Vieram aqui para ouvir a Palavra hoje,

---

[10] Trecho de *Through All the Changing Scenes of Life* (Através de todas as cenas mutáveis da vida), um hino cristão baseado no Salmo 34, escrito por Nahum Tate e Nicholas Brady. O hino é também conhecido pelo título "The Lord's My Shepherd" ou "O Senhor é o meu Pastor". Foi publicado pela primeira vez em 1696 no livro de hinos *A New Version of the Psalms of David*. A letra do hino expressa confiança e segurança na orientação e proteção de Deus em todas as circunstâncias da vida. Ele retrata Deus como um pastor amoroso que cuida e guia seu rebanho. É um hino amplamente cantado em tradições anglicanas e presbiterianas. Sua mensagem de confiança e fé em Deus tem sido uma fonte de conforto e inspiração para muitos ao longo dos anos.

porque ela é pregada em um lugar distinto; caso contrário, poderia ser que não houvesse nem mesmo vindo à casa de Deus. Muito raramente vocês se atormentam com questões religiosas; não se questionam muito sobre isso, porque sentem que seria uma coisa estranha se pensassem muito em religião, sentem que haveria uma necessidade de uma mudança de vida, pois os pensamentos sobre religião e os seus hábitos atuais não se adequariam bem. Meus caros amigos, tenham paciência comigo se os pressionar muito para que se voltem para o que é essencial. Vocês já ouviram falar do avestruz? Quando o caçador o persegue, o pobre pássaro bobo parte em disparada o mais rápido que pode, e quando vê que não há como escapar, o que você acha que ele faz? Enterra a cabeça na areia e pensa que é segura, porque fecha os olhos e não consegue ver.[11] Não é isso que você está fazendo? A consciência não o deixa descansar e o que você está tentando fazer é enterrá-la. Você enterra a cabeça na areia, você não gosta de pensar. Ah, se pudéssemos levar as pessoas a pensar, que coisa maravilhosa teríamos feito! Essa é uma das coisas, pecador, que, sem Cristo, você não ousa fazer. Você pensa? Ouvimos falar de pessoas com medo de ficar sozinhas meia hora por causa de pensamentos terríveis que têm. Desafio qualquer um de vocês, sem Deus, a passar uma hora naquele pântano, ou nesta varanda, ou em sua própria casa, e apenas processar estes pensamentos, remoê-los: "Eu sou um inimigo de Deus, meus pecados não são perdoados; se eu morrer hoje à noite, estou condenado por toda a eternidade; eu nunca busquei a Cristo, e nunca achei que Ele fosse meu". Desafio-o a manter esse pensamento por uma hora. Você não se atreveria, você teria medo de sua sombra. A única maneira pela qual os pecadores podem ser

---

[11] Na verdade, essa é uma lenda urbana. Embora seja uma crença popular sobre os avestruzes, eles não enfiam a cabeça na terra quando estão sendo perseguidos. Essa ideia provavelmente surgiu de uma observação incorreta do comportamento dessas aves. Os avestruzes têm um excelente sentido de visão e audição, o que lhes permite detectar ameaças à distância. Eles preferem fugir ou usar suas poderosas patas para se defender contra predadores, em vez de tentar se esconder enterrando suas cabeças. Essa é apenas uma ideia falsa que se tornou popular ao longo do tempo.

felizes é por irreflexão. Eles dizem: "Cubra isso; enterre os meus mortos onde eu não os possa ver". Eles colocam esses pensamentos de lado. Isso é sensato? Existe algum proveito na religião? Se não há, é consistente que você a negue; mas se esta Bíblia é verdadeira, se você tem uma alma que deve viver para sempre, é racional, é sensato, é prudente, estar negligenciando sua alma eterna? Se você deliberadamente deixasse passar fome o seu corpo, você não iria querer muita conversa, não é mesmo, para que não fosse induzido a comer? Mas aqui está a sua alma perecendo e, no entanto, nenhuma língua mortal pode persuadi-lo a prestar atenção a isso. Ah, não é estranho que as pessoas vivam para sempre na eternidade e, no entanto, nunca tenham feito nada por isso. Ouvi falar de um certo rei que tinha um bobo em sua corte que contava muitas anedotas engraçadas, e o rei deu-lhe um cetro e disse: "Guarde isso até encontrar um bobo maior do que você". Finalmente o rei morreu, e quando ele estava morrendo, o bobo da corte veio até ele e disse: "Mestre, qual é o problema?" "Eu estou a caminho da morte", disse o rei. "A caminho da morte — onde é esse lugar?" "Homem, eu vou morrer, não ria de mim agora." "Quanto tempo você vai ficar lá?" "Bem, para onde vou, viverei para sempre." "Você tem uma casa lá?" "Não." "Você fez alguma preparação para a viagem?" "Não." "Você tem alguma provisão, uma vez que você vai viver lá por tanto tempo?" "Não." "Aí está, mestre, pegue o seu cetro de volta; mesmo sendo bobo eu me preparei. Não sou tão bobo a ponto de ter de viver em um lugar onde não tenho uma casa." Cristo preparou para o seu povo uma mansão no céu. Havia muita sabedoria na linguagem do bobo da corte. Permitam-me que lhes fale muito seriamente, embora a linguagem seja outra. Se as pessoas devem viver para sempre no céu, não é uma excentricidade estranha, selvagem e frenética de loucura intolerante que elas nunca pensem no mundo por vir? Elas pensam no agora, mas protelam o eterno. O tempo, suas pobres bugigangas e seus brinquedos, enchem o coração; mas sobre a eternidade — aquela colina sem cume, aquele mar sem costa, aquele rio sem fim, sobre o qual navegarão para sempre — elas nunca pensam. Você vai parar um momento e lembrar que você tem de navegar para sempre, e você deve navegar sobre as ondas ardentes do inferno, ou então sobre as correntes cintilantes de glória. Como será para você? Você terá de considerar isso em breve. Antes que muitos dias, meses e anos se passem, Deus lhe dirá: "Prepare-se para encontrar o seu Deus", e pode ser que a convocação chegue até você, então você se encontra na luta da morte quando a corrente do Jordão está esfriando seu sangue, e seu coração está afundado dentro de você por causa do medo. E o que vai fazer então? O que você fará nos inchaços do pecado no dia em que você estiver arruinado? Que você fará quando Deus o julgar?

E tenho agora a agradável tarefa de terminar dirigindo-me a pessoas de outro tipo: ah, amigo, você não é imprudente. Você tem muitos pensamentos, e eles o magoam; mas, mesmo que você ficasse feliz em se livrar deles, você teria medo de fazê-lo. Você pode dizer: "Oh, sinto que seria bom para mim se eu pudesse me alegrar em Cristo — sinto que eu deveria ser feliz se eu pudesse ser um convertido". Amigo, fico feliz em ouvi-lo dizer isso. Onde Deus começou a obra de um coração contrito, eu não acho que Ele vá deixá-lo até que Ele tenha terminado. Agora, quero falar-lhes muito seriamente esta noite por mais alguns instantes. Você sente a necessidade de um Salvador. Lembre-se, Cristo morreu por você. Você crê nisso? Ali está Ele pendurado na cruz, morrendo; olhe para o seu rosto, cheio de amor, dissolvendo-se em perdão; os seus lábios se mexem e declara: "Pai, perdoa-lhes" (Lucas 23:34). Você vai olhar para Ele? Você pode ouvi-lo dizer isso, e ainda assim se afastar? Tudo o que Ele lhe pede é simplesmente que olhe, e esse olhar irá salvá-lo. Você sente a necessidade de um Salvador; você sabe que é um pecador. Por que tardar? Não diga que você é indigno. Lembre-se, Ele morreu pelos indignos. Não diga que Ele não o salvará. Lembre-se, Ele morreu pelos rejeitados do Diabo; o próprio lixo e escória do mundo que Cristo redimiu. Olhe para Ele. Você pode olhar para Ele e não crer nele? Você consegue ver o sangue escorrendo de seus ombros, e escorrendo de suas mãos e de seus lados, e não crer nele? Oh, por aquele que vive, morreu e vive para sempre, rogo-lhes que creiam no Senhor Jesus, porque assim está escrito: "Quem crer e for batizado será salvo" (Marcos 16:16).

Certa vez, quando Rowland Hill estava pregando, Lady Ann Erskine[12] estava passando de carruagem: ela estava no entorno externo do círculo de pessoas e perguntou ao cocheiro para que todas elas estavam lá. Ele respondeu: "Elas vão ouvir Rowland Hill". Bem, ela tinha ouvido falar muito sobre esse homem estranho, considerado o mais selvagem dos pregadores, e assim ela se aproximou. Assim que Rowland Hill a viu, disse: "Venha, vou fazer um leilão, vou vender Lady Ann Erskine" (ela, é claro, parou e se perguntou como seria comercializada.) "Quem vai comprar aqui?" O "mundo" se apresentou. "O que você vai dar por ela?" "Eu lhe darei todas as pompas e vaidades desta vida presente; ela será uma mulher feliz aqui, ela será muito rica, ela terá muitos admiradores, ela passará por este mundo com muitas alegrias." "Você não a terá; a alma dela é uma coisa eterna; é um preço débil que você oferece, você oferece muito pouco, e de que lhe valerá ganhar o mundo inteiro se ela perder a própria alma?" Aí vem outro comprador — aqui está o Diabo. "O que você vai dar por ela?" "Bem, diz ele, vou deixá-la desfrutar dos prazeres do pecado por um tempo; ela se entregará a tudo o que seu coração se propuser; ela terá tudo para deleitar os olhos e os ouvidos; ela se entregará a todos os pecados e vícios que possam dar um prazer temporário." "Ah, Satanás, o que você fará por ela para sempre? Você não a terá, pois eu sei o que você é; por ela você daria um preço insignificante e depois destruiria a sua alma por toda a eternidade." Mas aí vem outro — eu o conheço — é o Senhor Jesus. "O que vai dar por ela?" Diz Ele: "Não é o que darei, é o que dei; dei a minha vida, o meu sangue por ela; comprei-a por um preço

---

[12] Ann Agnes Erskine (1739-1804) foi amiga e administradora de Selina, a condessa de Huntingdon, uma líder religiosa muito importante no Grande Reavivamento na Inglaterra do século 18. (N.T.)

e lhe darei o céu para todo o sempre; irei lhe dar a graça em seu coração agora e a glória por toda a eternidade."

"Ó Senhor Jesus Cristo, disse Rowland Hill, tu a terás. Lady Ann Erskine, você aceita a oferta?" Ela se viu sem saída; não havia resposta que pudesse ser dada. "Negócio fechado, disse ele, negócio fechado; você pertence ao Salvador; eu a prometi a Ele; nunca quebre este contrato." E nunca o fez. Desde então, de mulher ingênua e volátil, tornou-se uma das pessoas mais sérias, uma das maiores defensoras da verdade do evangelho naqueles tempos, e morreu em uma esperança gloriosa e certa de entrar no reino dos céus. Eu ficaria muito satisfeito se pudesse fazer algo semelhante com alguns de vocês esta noite; se você disser agora: "Senhor, eu te areceberei", Cristo está pronto. Se Ele o preparou, Ele nunca se demorará. Quem quer que esteja disposto a receber a Cristo, Cristo está disposto a recebê-lo. O que você diz? Você quer ir com este homem? Se você disser "sim", que Deus o abençoe! Cristo diz "sim" também, e você está salvo, salvo agora, salvo para sempre!

10

POR TODOS OS MEIOS, CHEGAR A SALVAR ALGUNS

Para, por todos os meios, chegar a salvar alguns.
1Coríntios 9:22

O APÓSTOLO fala de modo muito geral, e fala sobre salvar pessoas. Alguns de nossos irmãos extremamente ortodoxos diriam imediatamente: "Você salva pessoas? Como pode alguém fazer isso? A expressão é imprecisa ao extremo. Não é a salvação do Senhor do início ao fim? Como pode você, Paulo, ousar falar em salvar alguns?" No entanto, Pedro tinha falado assim quando disse: "Salvai-vos desta geração perversa" (Atos 2:40); na verdade, a expressão é um pouco mais ousada, se fosse possível, e se Pedro estivesse vivo agora, ele seria chamado a prestar contas. Quando Paulo escreveu a Timóteo, disse-lhe: "Tem cuidado de ti mesmo e da doutrina; persevera nestas coisas; porque, fazendo isto, te salvarás, tanto a ti mesmo como aos que te ouvem" (1Timóteo 4:16), que é outro exemplo de linguagem usada em um sentido popular por um homem que não tinha medo dos críticos diante de seus olhos. O apóstolo não pretendia insinuar que ele poderia salvar alguém por seu próprio poder, e ninguém pensou que foi isso que ele fez. Ele usou expressões dessa maneira, porque estava escrevendo para pessoas que mesclavam franqueza e conhecimento de doutrina e não o entenderiam mal intencionalmente. Ele não escreveu para aqueles que devem ter toda a doutrina em cada sermão, e exigem que todas as declarações da verdade sejam moldadas em uma única forma. A doutrina de que a salvação é somente de Deus, e é obra do Espírito Santo, era-lhe cara como a própria vida, e, tendo-a proclamado muitas vezes, não temia ser mal interpretado. Nosso testemunho também tem sido por muitos anos claro sobre esse aspecto, e, portanto, nos aventuraremos a ser tão imprecisos quanto o apóstolo, e a falar de salvar almas e ganhar almas segundo a maneira do discurso comum.

A expressão usada dá grande destaque à instrumentalidade, e esse é o uso e o costume das Escrituras. Não há muito perigo agora de exagerar o poder da instrumentalidade, e olhar para as pessoas em vez de seu Mestre. O perigo parece estar na direção oposta, no hábito de depreciar tanto uma igreja organizada como um ministério reconhecido. Muitas vezes ouvimos dizer de certos avivamentos que nenhuma pessoa em particular estava envolvida neles, nenhum evangelista ou ministro teve uma participação no trabalho, e isso é considerado um elogio, mas na verdade não é. Temo que muitos começos esperançosos tenham chegado a um colapso repentino porque ministros fiéis e santos foram desprezados, e uma injúria foi lançada sobre as instrumentalizações comuns. As pessoas falam assim sob a noção de que estão honrando a Deus; eles estão completamente fora do caminho, pois Deus ainda dispõe e abençoa seus ministros escolhidos, e é honrado com isso, e uma vez que Ele ainda opera por meio deles, Ele não quer que falemos depreciativamente deles.

O tema desta manhã é o seguinte: agradou a Deus salvar almas por intermédio de seu povo e, portanto, coloca em seu povo um desejo sagrado de salvar algumas pessoas. Ele poderia, se quisesse, haver chamado todos os seus escolhidos para si por uma voz da excelente glória, assim como chamou Saulo, o perseguidor; ou Ele poderia ter comissionado anjos para voar por toda a extensão e largura do mundo e levar a mensagem de misericórdia; mas em sua sabedoria inescrutável, Ele teve o prazer de trazer pessoas para si por meio de outras pessoas. A expiação é completa, e o poder do Espírito é plenamente derramado; tudo o que é necessário é que os seres humanos sejam levados a crer para a salvação da alma, e esta parte da salvação é realizada pelo Espírito Santo através dos ministérios humanos. Aqueles que foram vivificados são enviados para profetizar aos ossos secos. Para que plano divino possa ser realizado, o Senhor incutiu no coração de todos os cristãos genuínos uma paixão pela salvação das almas: em alguns é mais viva do que em outros, mas deve ser uma característica principal no caráter de cada cristão. Falarei sobre esse instinto sagrado e tratarei dele da seguinte forma: primeiro, por que Ele o incute em nós? Em segundo lugar, como ele se desenvolve? Em terceiro lugar, por que esse instinto não se manifesta mais amplamente? E, em quarto lugar, como é que ele pode ser vivificado e tornado mais eficiente na prática?

I

Por que essa paixão por salvar os outros está incutida no âmago dos salvos? Três são as razões, penso eu, entre muitas outras; a saber, para a glória de Deus, para o bem da Igreja e para o benefício do indivíduo.

É incutido ali, em primeiro lugar, para a glória de Deus. É maravilhoso para a glória de Deus que Ele use instrumentos humildes para a realização de seus grandes propósitos. Quando Quintin Matsys[1] fez uma cobertura de ferro para um poço, foi muito admirado como uma obra de arte porque ele havia sido privado das ferramentas adequadas enquanto o executava, pois acredito que ele tinha pouco mais do que seu martelo para realizar esse maravilhoso feito em metal. Agora, quando olhamos para

---

[1] Quentin Matsys (1466-1530) foi um pintor flamengo. Fundou a Escola de Antuérpia e sua obra tinha cunho religioso e cômico. A Duquesa Feia, de 1513, talvez seja uma de suas pinturas mais conhecidas. (N.T.)

a obra da graça de Deus no mundo, ela o glorifica tanto mais quando refletimos que Ele a alcançou por meio de instrumentos que, por si só, prefeririam frustrar o avanço de sua obra. Ninguém entre nós pode ajudar a Deus; é verdade que Ele nos usa, mas Ele poderia fazer melhor sem nós do que conosco: por sua palavra direta de poder, Ele poderia fazer em um momento o que, pela fragilidade do instrumento, agora leva meses e anos, mas Ele sabe, melhor que qualquer outro, como glorificar seu próprio nome. Ele coloca um desejo de salvar outros em nossa alma, para que Ele possa obter glória usando-nos, mesmo nós que temos pouca aptidão para tal trabalho, exceto essa paixão que Ele incutiu em nosso âmago. Ele graciosamente usa até mesmo nossos pontos fracos, e estabelece nossas próprias fraquezas para demonstrar a glória de sua graça, abençoando nossos sermões mais pobres, fazendo prosperar nossos esforços mais débeis, e dando-nos oportunidades de ver resultados até mesmo por meio de nossas palavras vazias. O Senhor glorifica a si mesmo fazendo com que a nossa fraqueza seja o veículo de seu poder, e para esse fim faz-nos anelar por uma obra muito fora do nosso alcance, e faz o nosso coração desejoso de "salvar alguns".

Traz glória a Deus também que Ele tome pecadores como nós somos, e nos faça participantes de sua natureza, e Ele faz isso dando-nos comunhão em suas entranhas de compaixão, e comunhão em seu amor transbordante. Ele acende em nosso âmago o mesmo fogo de amor que arde em seu próprio âmago. À nossa maneira inferior, olhamos para os filhos pródigos, e os vemos no maravilhoso caminho, e temos compaixão deles, e, de bom grado, lançaríamos ao pescoço deles e os beijaríamos. O Senhor ama os seres humanos, no entanto, de uma forma santa, Ele deseja a santificação e a salvação deles por esse meio; e quando desejamos o bem de nossos semelhantes por meio da conversão, estamos caminhando lado a lado com Deus. Todo verdadeiro filantropo é uma cópia do Senhor Jesus; pois, embora seja um termo muito reles para se aplicar à sua infinita excelência, ainda assim, verdadeiramente, o Filho de Deus é o maior de todos os filantropos. Ora, que Deus, pelo poder da sua incomparável graça, produza em corações tão frios como o nosso uma paixão ardente pela salvação dos outros, é uma prova singular de seu poder onipotente nos meandros da consciência. Para mudar os pecadores para que eles desejem uma maior santidade, para tornar as obstinadas vontades desejosas da propagação da obediência, e para tornar os corações errantes fervorosos para o estabelecimento do reino permanente do Redentor, esse é um poderoso feito da graça de Deus. Que um anjo perfeito irrompesse no ar para proclamar a sua mensagem é uma questão bastante simples, mas que um Saulo de Tarso, que espumava pela boca de ódio por Cristo, vivesse e morresse para ganhar almas a Jesus, é uma demonstração magnífica da graça de Deus.

Dessa forma, o Senhor obtém grande glória sobre o arquirrival, o príncipe do poder do ar, pois Ele pode dizer a Satanás: "Eu o derrotei, não pela espada de Miguel, mas pelas línguas dos seres humanos; eu o dominei, ó inimigo, não com raios, mas com as fervorosas palavras, orações e lágrimas desses meus humildes servos. Ó meu adversário, dispus homens e mulheres fracos, em quem pus o amor pelas almas, e estes arrancaram de tuas mãos província após província dos teus domínios, estes quebraram os grilhões dos escravizados, estes abriram as portas da prisão daqueles que eram teus cativos". Quão ilustre é essa verdade quando o Senhor captura os líderes do exército de Satanás e os transforma em capitães de seu próprio exército! Então o inimigo é ferido na casa dos seus antigos amigos. Satanás desejava peneirar Pedro como trigo, mas Pedro o peneirou em contrapartida no dia de Pentecostes; Satanás fez Pedro negar seu Mestre, mas, quando restaurado, Pedro amou ainda mais seu Senhor e proclamou com mais fervor o nome e o evangelho de seu Mestre. A fúria do inimigo recua sobre si mesma, o amor vence e onde o pecado abundou, a graça é muito mais abundante (Romanos 5:20). Quanto a Saulo, que perseguia os santos, não se tornou ele o apóstolo de Cristo para os gentios, trabalhando mais do que qualquer outro pela boa causa? Amados, o triunfo derradeiro da cruz será o mais admirável por causa da maneira de sua consumação. O bem vencerá o mal, não com a ajuda dos governos e dos braços dos monarcas, não com o prestígio dos bispos e dos papas, e com toda a sua pomposa disposição, mas com os corações que ardem, as almas que cintilam, os olhos que pranteiam e os joelhos que se rendem em oração combativa. Essas são as artilharias de Deus, o qual, usando armas como essas, não apenas frustra os seus inimigos, mas triunfa sobre eles, confundindo os poderosos com os fracos, os sábios com os símplices, e as coisas que são com as coisas que não são.

Em seguida, a paixão pela salvação de almas é implantada para o bem da igreja, e isso de mil maneiras, das quais posso somente mencionar algumas. Em primeiro lugar, não há dúvida de que a paixão pela conquista das almas gasta de modo sadio a energia da igreja. Tenho observado que as igrejas que não se preocupam com as pessoas mais afastadas sofrem rapidamente de desunião e conflitos. Há uma certa quantidade de pressão na comunidade e, se não a deixarmos sair da maneira certa, funcionará da maneira errada, ou explodirá completamente, e causará danos infinitos. A mente das pessoas certamente trabalhará e suas línguas se moverão e, se não forem empregadas para bons propósitos, certamente farão mal. Não é possível que você una uma igreja tão completamente conclamando todas as suas forças para realizar o grande objetivo do Redentor. Talentos não utilizados certamente enferrujam, e esse tipo de ferrugem é um veneno mortal para a paz, um ácido perturbador que corrói o coração da igreja. Por isso, salvaremos alguns por todos os meios, para que não nos tornemos desunidos de coração por outros meios.

Essa paixão pela salvação das almas não apenas emprega a igreja, mas também suscita sua força, desperta as suas energias latentes e estimula as suas faculdades mais nobres. Com um prêmio tão divino diante dela, ela cinge os lombos (Lucas 12:35) para a corrida e, com os olhos no Senhor, avança para o alvo (Filipenses 3:13,14). Muitas pessoas comuns se tornaram grandes ao serem completamente absorvidas por uma nobre busca, e o que pode ser mais nobre do que desviar as pessoas da estrada que leva para o inferno? Talvez algumas dessas almas desprezíveis que viveram e morreram como gado mudo e alienado, pudessem ter alcançado a majestade de uma grande vida se um propósito supremo as tivesse incendiado com zelo heroico e desenvolvido seus dotes encobertos. Feliz é aquele cuja tarefa é honrosa, se a cumprir honrosamente. Eis que Deus deu à sua Igreja a obra de conquistar o mundo, de remover marcas do que foi queimado, de alimentar as suas ovelhas e cordeiros, e é isso que prepara a Igreja para feitos de audácia e nobreza de alma.

Queridos irmãos, essa paixão comum pelas almas nos une. Quantas vezes sinto um novo vínculo de união com meus amados irmãos e colegas de ofício, quando descubro que fui o meio da convicção de um pecador, a quem um de nós confortou e levou ao Salvador, e assim temos uma parte compartilhada no convertido. Às vezes, fui abençoado por Deus para a salvação do meu ouvinte, mas esse ouvinte foi trazido aqui pela primeira vez por um amigo, e assim nos tornamos participantes da alegria. A comunhão no serviço e no sucesso une os santos e é uma das melhores garantias para o amor mútuo.

E, além disso, quando agora os convertidos são trazidos para a igreja, o fato de serem trazidos pela instrumentalidade tende a tornar a sua fusão com a igreja uma questão fácil. É, nesse caso, o mesmo que acontece com a nossa família. Se Deus tivesse tido o prazer de criar cada um de nós como homens e mulheres individuais, e depois nos colocasse em algum lugar da terra, e fizesse com que encontrássemos por conta própria o caminho para a casa de alguém para nos unir a sua família, ouso dizer que teríamos de vagar muito antes de sermos recebidos: mas agora nos achegamos como pequeninos diante daqueles que se alegram em nos ver, e cantamos: "Bem-vindo, bem-vindo, pequeno estrangeiro!" Tornamo-nos ao mesmo tempo parte da família, porque temos pais e irmãos e irmãs, e estes não contestam a nossa adoção, e consideram que não é difícil receber-nos, embora eu receie que nunca os tenhamos recompensado devidamente por suas dores. Assim é na Igreja: se Deus tivesse convertido todos um a um, pelo seu Espírito, sem instrumentalidade, teriam sido grãos de areia separados, difíceis de unir em uma construção, e teria havido muita dificuldade em formá-los em um só corpo; mas agora nascemos na igreja, e o pastor e os outros consideram os convertidos sob a sua instrumentalidade como seus próprios filhos, a quem amam no Senhor, e a Igreja, tendo participado no serviço comum pelo qual são convertidos, sente: "Estes pertencem-nos, estes são a nossa recompensa"; e assim são levados cordialmente à família cristã. Esse não é um benefício pequeno, pois é ao mesmo tempo a alegria e a força da Igreja para ser feita uma só por forças vitais, por santas empatias e fraternidade. Temos entre nós pais espirituais, a quem amamos no Senhor, e filhos espirituais cujo bem-estar é a nossa preocupação mais profunda, e irmãos e irmãs a quem fomos úteis, ou que nos foram úteis, com quem não podemos deixar de ter comunhão de coração. Como um desejo comum de defender o seu país une todos os regimentos de um exército em um só, o desejo comum de salvar almas torna todos os verdadeiros cristãos semelhantes entre si.

Entretanto, essa paixão é sobretudo para o bem do indivíduo que a possui. Não tentarei esta manhã resumir, no curto espaço de tempo que me foi atribuído, os imensos benefícios que alguém obtém através do seu trabalho para a conversão de outros, mas arrisco esta afirmação de que nenhum homem ou mulher na Igreja de Deus está em estado saudável se não estiver trabalhando para salvar alguns. Aqueles que são postos de lado pelo sofrimento estão tomando sua parte na administração da casa de Cristo, mas com essa exceção, aquele que não trabalha também não deve comer, aquele que não rega os outros não é regado em si mesmo, e aquele que não se importa com as almas dos outros pode muito bem-estar em perigo no que concerne à sua própria alma.

Ansiar pela conversão dos outros torna-nos semelhantes a Deus. Desejamos o bem-estar do ser humano? Deus deseja isso. Será que vamos arrancá-los das chamas? Deus está realizando diariamente esse ato de graça. Podemos dizer que não temos prazer na morte daquele que sucumbe? O Senhor declarou o mesmo com um juramento. Pranteamos por causa dos pecadores? O Filho de Deus não pranteou por eles? Dispomo-nos nós mesmos para a conversão deles? Cristo não morreu para que eles pudessem viver? Vocês são feitos semelhantes a Deus quando essa paixão resplandece no espírito de vocês.

Esse é um orifício para o seu amor a Deus, bem como o seu amor aos seres humanos. Amando o Criador, temos compaixão de suas criaturas caídas e sentimos um amor benevolente pela obra de suas mãos. Se amamos a Deus, sentimos como Ele, que o julgamento é a sua obra incomum, e não podemos suportar que aqueles que Ele criou sejam rejeitados para sempre. Amar a Deus faz-nos lamentar que todos os seres humanos não o amem também. Preocupa-nos que o mundo jaz no maligno, em inimizade com o seu próprio Criador, em guerra com o único que pode abençoá-lo. Ó amados, vocês não amam o Senhor, a menos que amem as almas dos outros.

Tentar levar os outros a Cristo faz-nos bem, renovando em nós os nossos velhos sentimentos e revivendo o nosso primeiro amor. Quando vejo alguém que busca o Senhor e está arrependido do pecado, lembro-me do momento em que me senti como ele está se sentindo; e quando ouço esse que busca pela primeira vez dizer: "Eu creio em Jesus", lembro-me do dia do nascimento da minha própria alma, quando os sinos de meu coração tocaram seus sons mais alegres, porque Jesus Cristo veio habitar dentro de mim. Conquistar as almas mantém o coração vivo e preserva nossa juventude calorosa em nós; é um poderoso renovo para o amor decadente.

Se você sentir o frio do ceticismo carregando você, e começar a duvidar do poder do evangelho, vá trabalhar entre os pobres e ignorantes, ou consolar as almas em perigo, e quando você vir o brilho de seus semblantes diante de como eles obtêm alegria e paz em crer, seu ceticismo voará como palha diante do vento. Você deve acreditar na causa quando vê o resultado; você não pode deixar de acreditar quando a evidência está diante de seus olhos. O trabalho para Jesus mantém-nos fortes na fé e intensos no amor a Ele.

Esse instinto sagrado não suscita todas as faculdades de uma pessoa? Uma paixão forte irá frequentemente trazer a plenitude de alguém para a ação, como um musicista hábil cuja mão faz soar cada acorde. Se amarmos os outros, seremos, como Paulo, sábios para atraí-los, sábios para persuadi-los, sábios para convencê-los, sábios para encorajá-los. Aprenderemos o uso de meios que haviam sido enferrujados e descobriremos em nós mesmos talentos que estariam escondidos na terra se o forte desejo de salvar as pessoas não tivesse preparado o caminho.

E acrescentarei aqui que o amor às almas trará, no fim, a todos os que o seguirem, a maior alegria debaixo do céu. O que isso significa? Trata-se da alegria de saber que vocês foram feitos pais espirituais de outros. Eu provei desse jorrar abundante muitas vezes, e é o céu na terra. A alegria, em si mesma, de ser salvo tem um certo egoísmo, mas saber que seus semelhantes são salvos por seus esforços traz uma alegria pura, desinteressada e celestial, da qual podemos beber mais profundamente sem prejudicar nosso espírito. Entreguem-se, irmãos, ao apetite divino de fazer o bem, possuí-lo e devorá-lo, e os melhores resultados deverão seguir-se. Seja este, de agora em diante, o seu objetivo: "Para, por todos os meios, chegar a salvar alguns".

II

Como *essa paixão se desenvolve?* Diferentemente em diferentes pessoas e em diferentes períodos. A princípio, revela-se por meio de uma terna inquietação. No momento em que alguém é salvo, ele começa a ficar inquieto em relação à sua esposa, ao seu filho ou ao seu parente mais amado, e essa inquietação o leva imediatamente a orar por eles. Tão logo o olho desvendado tenha desfrutado da doce luz do sol da justiça, ele olha carinhosamente em volta para aqueles que eram seus companheiros nas trevas, e então olha para o céu em oração cheia de lágrimas para que eles também possam ver. Os famintos, enquanto comem o primeiro punhado no banquete da graça livre, gemem dentro de si e dizem: "Oh, que meus pobres e famintos filhos possam estar aqui para se alimentar do amor do Salvador comigo". A compaixão é natural para a natureza recém-nascida; assim como a nossa natureza humana comum faz-nos compadecer do sofrimento, assim a natureza humana renovada nos compadece do pecador. Isso, digo eu, acontece no alvorecer da nova vida. Mais adiante, na peregrinação celeste, essa paixão manifesta-se na intensa alegria revelada quando nos chega a notícia da conversão dos outros. Tenho visto muitas vezes, nas reuniões da igreja e nas reuniões missionárias, uma alegria entusiástica e santa espalhada por todo o povo quando algum novo convertido, ou missionário que retornou do campo, ou ministro bem-sucedido, dá detalhes das maravilhas da graça salvadora. Muitas pobres moças, que pouco podiam fazer pelo Salvador, mostraram, no entanto, o que teriam feito se pudessem, com as lágrimas de alegria que lhe escorreram pelo rosto quando souberam que os pecadores foram levados a Jesus. Essa é uma das maneiras pelas quais aqueles que podem fazer pouco pessoalmente podem participar da alegria do mais importante de todos, sim, podem ter comunhão com o próprio Jesus.

O instinto sagrado de ganhar almas também se manifesta em esforços individuais, sacrifícios, orações e agonias pela propagação do evangelho. Bem lembro-me que, quando conheci o Senhor pela primeira vez, me sentia inquieto até poder fazer algo pelos outros. Eu não sabia que poderia falar a uma assembleia, e eu era muito tímido quanto a conversar sobre assuntos religiosos, e, portanto, escrevi pequenas notas para diferentes pessoas compartilhando acerca do caminho da salvação, e enviei essas cartas escritas com folhetos impressos pelo correio, ou coloquei-as sob as portas das casas, ou as deixei nos mais diferentes lugares, orando para que aqueles que as lessem pudessem ser despertados quanto aos seus pecados, e movidos a fugir da ira vindoura. Meu coração teria explodido se não pudesse ter encontrado algum extravasamento. Gostaria que todos os que professam a fé cristã mantivessem o seu primeiro zelo e fossem diligentes em fazer pequenas coisas, bem como coisas maiores para Jesus, pois muitas vezes as menores ações se revelam tão eficazes quanto as que operam em uma área maior. Espero que todos vocês, jovens que recentemente foram acrescentados à igreja, estejam tentando fazer o bem de algum modo, adequado à sua capacidade e posição, para que, por todos os meios, cheguem a salvar alguns. Uma palavra pode muitas vezes abençoar aqueles a quem um sermão não consegue alcançar, e uma carta pessoal pode fazer muito mais do que um livro impresso.

Uma vez que envelhecemos e somos mais qualificados, assumiremos nossa parte em ações mais públicas da igreja. Falaremos por Jesus diante dos poucos que se ajuntam na reunião de oração em lugares interioranos, oraremos com e por nossa família, ou nos inscreveremos na escola dominical, ou servirmos em alguma região. Em última análise, o Senhor pode nos chamar para pleitear sua causa perante centenas ou milhares, e assim, começando com pequenos passos, nosso fim derradeiro será grandioso.

Há um ponto em que o zelo pela salvação dos outros se manifestará em todos os que a possuem, a saber, adaptando-nos à condição e à capacidade dos outros para o seu bem. Observem isso em Paulo. Ele se tornou tudo para todos, se por algum meio ele chegasse a salvar alguns. Tornou-se judeu para os judeus. Quando ele se encontrava com eles, não repreendia suas cerimônias, mas se esforçou para trazer à tona o seu significado espiritual. Ele não pregou contra o judaísmo, mas mostrou-lhes Jesus como o cumpridor de suas tipologias. Quando se encontrava com um pagão, não insultava os deuses, mas ensinava-lhe sobre o verdadeiro Deus e a salvação por seu Filho. Ele não levou consigo um só sermão para todos os lugares, mas adaptou seu discurso ao seu público. Que abordagem maravilhosa foi aquela que Paulo proferiu ao conselho de filósofos sobre Areópago. É muito cortês em todo o tempo, e é uma pena que a nossa tradução destrua um pouco essa qualidade, pois é eminentemente visível no original. O apóstolo começou dizendo: "Oh, homens atenienses, percebo que vocês são, em todos os aspectos, tementes aos deuses" (Atos 17:22). Ele não disse, "um tanto supersticiosos", como diz algumas de nossas versões, o que os teria provocado desnecessariamente desde o início. Ele continuou dizendo: "Porque, passando eu e vendo os vossos santuários, achei também um altar em que estava escrito: Ao Deus Desconhecido. Esse, pois, que vós honrais não o conhecendo é o que eu vos anuncio" (Atos 17:23). Ele não disse: "A quem vocês adoram ignorantemente". Ele era prudente demais para usar tal expressão. Eles eram um grupo de homens pensadores, de mentes cultas, e ele pretendia conquistá-los declarando-lhes o evangelho de maneira cortês. Foi muito hábil de sua parte referir-se a essa inscrição no altar, e igualmente citar um de seus próprios poetas. Se ele estivesse se dirigindo aos judeus, ele não teria citado um poeta grego, muito menos se referido a um altar pagão: seu intenso amor por seus ouvintes o ensinou a fundir suas próprias peculiaridades para garantir a atenção deles. Da mesma forma, nos rebaixamos e, em vez de exigir que os outros se submetam a nós, submetemo-nos alegremente a eles em todas as questões não essenciais, para que possamos obter a sua consideração favorável às reivindicações de Jesus. Note-se, nunca houve alguém mais severo para os princípios do que Paulo; nas coisas em que era necessário tomar sua posição, ele era firme como uma rocha, mas em questões meramente pessoais e externas ele era o servo de todos. A adaptação era o seu forte. Amados, se tiverem de falar com as crianças, sejam crianças e não esperem que sejam adultos. Pensem os seus pensamentos, sintam seus sentimentos e coloquem a verdade em suas palavras. Vocês nunca chegarão ao coração delas até que seu coração esteja ligado à infância delas. Se vocês têm de confortar os idosos, entre também em suas enfermidades e não lhes fale como se ainda estivessem no pleno vigor de vida. Estudem as pessoas de todas as idades e sejam como elas são, para que sejam levadas a ser cristãos, como vocês são. Vocês são chamados a trabalhar entre os instruídos? Em seguida, escolham palavras excelentes e apresentem-lhes maçãs de ouro em cestos de prata. Vocês trabalham entre os analfabetos? Que suas palavras sejam como aguilhões; falem a língua materna deles, usem grande clareza de fala, para que vocês possam ser entendidos; pois para que serve falar com eles em uma língua desconhecida? Vocês se encontram entre pessoas que possuem inclinações estranhas? Não sejam desnecessariamente ríspidos com eles, mas aceitem-nos da maneira como os encontrar. Vocês estão buscando a conversão de uma pessoa de entendimento limitado? Não lhe inflija os mistérios mais profundos, mas mostre-lhe o caminho do simples para o céu com palavras que aquele que por ele caminha as possa ler. Vocês estão falando com um amigo de espírito triste? Digam-lhe de suas próprias depressões, entre em suas dores, e assim eleve-o assim como vocês foram elevados. Como o bom samaritano, vão aonde está o ferido e não esperem que ele venha até vocês. Uma verdadeira paixão por conquistar almas revela os muitos aspectos da nossa maturidade e usa cada um deles como reflexo da luz divina da verdade. Há uma porta para o coração de cada um, e temos de a encontrar e entrar com a chave certa, a qual se encontra, de uma forma ou outra, na palavra de Deus. Todos não devem ser alcançados da mesma forma, ou com os mesmos argumentos, uma vez que temos de fazer-nos de tudo "para, por todos os meios, chegar à salvação de alguns"; devemos ser sábios para ganhar almas, sábios com sabedoria do alto. Desejamos vê-los conquistados por Cristo, mas nenhum guerreiro usa sempre a mesma estratégia; há uma para um ataque aberto, outra para um cerco, outra para uma emboscada, e uma quarta para uma longa campanha militar. No mar há grandes aríetes que derrubam o inimigo, torpedos subaquáticos, canhoneiras e fragatas a vapor: um navio é despedaçado por um único golpe, outro precisa de um ataque brusco, um terceiro precisa ser abatido com um tiro preciso levando em consideração o vento e o mar, um quarto deve ser conduzido à terra; mesmo assim devemos nos adaptar e usar a força sagrada que nos foi confiada com grande consideração e julgamento solene, olhando sempre para o Senhor em busca de orientação e poder. Todo o poder real está nas mãos do Senhor, e devemos nos colocar totalmente à disposição do Obreiro divino, para que Ele possa trabalhar em nós tanto o querer quanto o efetuar de sua boa vontade (Filipenses 2:13); assim devemos, por todos os meios, salvar alguns.

III

Por que essa paixão não se desenvolve mais amplamente entre os cristãos? O pregador não precisa responder a essa pergunta, cada um de seus ouvintes pode fazer isso por si mesmo. Por que razão não ansiamos mais pelas almas das pessoas que perecem? Não se deve ao fato de que temos muito pouca graça? Somos cristãos nanicos, com pouca fé, pouco amor, pouca atenção à glória de Deus e, portanto, com pouca preocupação com os pecadores que perecem. Somos espiritualmente nus, pobres e miseráveis, quando poderíamos ser ricos e cheios de bens se tivéssemos mais fé. Esse é o segredo da questão, e é a fonte de todo o mal, mas se devemos chegar a detalhes, vocês não acham que as pessoas são descuidadas com as almas dos outros porque caíram em visões unilaterais das doutrinas do evangelho, e transformaram as doutrinas da graça em um sofá em que descansam sua ociosidade? "Deus salvará os seus", dizem eles. Sim, mas os seus não falam dessa maneira; não são como Caim, que disse: "Sou eu guardador do meu irmão?" (Gênesis 4:9). Inquestionavelmente, o Senhor providenciará que seus próprios eleitos sejam chamados no devido tempo, mas Ele fará isso pela pregação ou ensino da palavra. A predestinação não é uma razão legítima para a inação; as pessoas não pensam assim sobre outros assuntos, por que então sobre a religião? A não ser que o Senhor nos prospere nos negócios, todos os nossos esforços são vãos e, no entanto, não dizemos: "Terei tanto dinheiro no bolso quanto Deus quer que eu tenha e, portanto, não preciso trabalhar nem negociar". Não, as pessoas guardam seu fatalismo e se fazem de tolos nas coisas espirituais: em todas as outras coisas, elas não são tão insensatas a ponto de deixar que a predestinação paralise suas mentes, mas aqui, uma vez que a ociosidade quer uma desculpa para si mesma, elas se atrevem a vilipendiar essa verdade sagrada e apenas debilitam suas consciências.

Em alguns que professam a fé cristã, o mundanismo descarado impede-os de procurar a conversão de outros. Eles gostam demais de ganhar dinheiro para se ocuparem de salvar almas, estão ocupados demais com suas fazendas para semear a semente do reino, estão atarefados demais com suas lojas para segurar a cruz diante dos olhos do pecador, estão cheios demais de cuidados com suas coisas para cuidar da salvação dos perdidos. A cobiça devora a própria alma de muitos. Eles têm muito mais negócios do que conseguem gerenciar; acreditam que isso não prejudique sua saúde espiritual, e ainda assim estão ansiosos por mais. As reuniões de oração são negligenciadas, a classe na escola bíblica é abandonada, os esforços para ajudar os pobres e ignorantes nunca são feitos e tudo porque eles estão muito ocupados com o mundo e seus cuidados. Esta era é particularmente tentada nessa direção e necessita de uma forte piedade para poder amar as almas das pessoas de forma prática.

Para alguns, temo que a causa da indiferença seja a falta de fé. Eles não creem que Deus abençoará seus esforços e, portanto, não fazem nada. Eles têm uma lembrança vívida de tempos longínquos em que tentaram ser úteis e fracassaram, e em vez de o fracasso passado ser motivo de esforço redobrado no presente, para compensar o tempo perdido, eles desistiram do trabalho para o Senhor como uma causa ruim, e não tentam mais nada. É de se temer que, com muitos membros da igreja, a razão da ausência dessa paixão seja que eles amam a comodidade e são carcomidos pela indolência. Eles dizem: "Alma, desfrute a sua comodidade, coma, beba e alegre-se; por que você se preocupa com os outros?" "Despede a multidão" (Mateus 14:15), disseram os discípulos. Não queriam preocupar-se com eles. É verdade que as pessoas estavam com muita fome e cansadas, e era doloroso vê-las desmaiar; mas era mais fácil esquecer as suas necessidades do que aliviá-las. Esta cidade está perecendo, milhões estão morrendo em seus pecados, o mundo ainda jaz no maligno, e a preguiça invoca o esquecimento em seu auxílio para ignorar toda a questão. Tais pessoas não querem ser incomodadas, tampouco querem dispor-se e ser úteis para a glória de Cristo.

O segredo de tudo é que a maioria dos cristãos é antipática a Deus e está fora da comunhão com Cristo. Isso não é um mal? Ó olhos, que nunca choraram por pessoas que morrem, esperam ver o Rei em sua beleza? Ó corações, que nunca ansiaram por aqueles que estão descendo à cova, esperam saltar de alegria com a vinda do Mestre? Ó lábios, que nunca falam em nome de Jesus, como responderão às perguntas do interrogatório do último grande dia? Rogo-lhes, povo cristão, que, se vocês se tornaram indiferentes à conversão dos que os rodeiam, procurem a causa encoberta, descubram qual é o verme que está na raiz de sua devoção e, em nome de Cristo, procurem ser libertos dele.

IV

Como *pode essa paixão ser mais plenamente despertada?* Ela apenas pode ser despertada, em primeiro lugar, pela obtenção de uma vida mais elevada. Quanto melhor a pessoa, melhor ela deve agir; quanto mais forte na graça, mais forte será para salvar alguns. Não acredito que ninguém deva tentar elevar-se além de seu nível. A pessoa deve estar de pé, e então tudo o que sai dela terá ascendido. Se o amor a Deus resplandece em sua alma, deve manifestar-se em sua preocupação pelos outros. Plante uma árvore boa e os frutos serão bons. De nada lhe servirá começar uma carreira mais séria, estimulando-se a um zelo agitado que vai e vem como o rubor no rosto de alguém com tuberculose; a vida interior deve ser permanentemente fortalecida, e então as pulsações do coração, e a atividade de todo o ser serão mais vigorosas. Mais graça é a nossa maior necessidade.

Isso sendo concedido, nos ajudará grandemente a atentarmos à conversão dos pecadores, se estivermos plenamente conscientes da sua miséria e degradação. Quão diferente alguém se sente depois de ver com os próprios olhos a pobreza, a imundície e a imoralidade desta cidade. Gostaria que alguns de vocês, pessoas respeitáveis, que nunca viram qualquer parte desta cidade, além das amplas vias, passeassem pelos becos que se abrem para as estreitas ruas laterais. Gostaria que descessem a lugares que a rainha Vitória nunca viu, e a becos longe dos lugares verdejantes. Senhoras, talvez vocês devessem deixar em casa algumas dessas coisas elegantes; e senhores, talvez vocês devessem guardar seus lenços de bolso e suas carteiras, a menos que desejem esvaziá-las entre os seres miseráveis que encontrarão. Há lugares a serem vistos perto de nossas próprias casas que podem muito bem fazer nosso coração sangrar e atormentar nosso espírito. Depois de vê-los, você começará a ter o sentimento correto em relação ao pecador. Sentamo-nos confortavelmente em casa junto às nossas lareiras no inverno e pensamos que o tempo não está muito frio, mas se saíssemos e víssemos os pobres tremendo em seus trapos, ou os encontrássemos encolhidos sobre seus fogareiros improvisados vazios, começaríamos a pensar que o frio é um mal maior do que sonhamos: viemos aqui a este lugar de culto e, enquanto ouvimos a Palavra, esquecemos a miséria de quem não a ouve. Ora, neste exato momento em torno das portas dos bares luxuosos e das tavernas desta cidade, há milhares de pessoas esperando a bendita hora em que eles beberão do que tem sede a alma. As multidões que agora esperam pelo deus do vinho, Baco, podem ser contadas aos milhares. O que tais pessoas têm feito com as horas do domingo até agora? Leem o jornal, deitadas na cama, ou vagando sobre seus pequenos jardins à vontade. Essa é a ocupação de centenas de milhares de pessoas neste dia à nossa volta e às nossas portas; fizemos o nosso melhor para trazê-las para a casa de oração? Centenas de milhares de pessoas nunca ouviram o evangelho em sua vida, e nunca pensam em entrar em lugares onde ele é pregado. É claro que, se vivessem na Índia, deveríamos pensar neles; mas vivendo aqui em nossa cidade, perto de nós, devemos negligenciá-los? Uma das melhores coisas que poderiam ser feitas por todos nós seria passar uma semana com um missionário da cidade em casas nas piores partes da cidade, para que pudéssemos ver por nós mesmos o que deve ser visto; então o pecado e a pobreza se tornariam palpáveis e se destacariam em uma realidade sombria. Os seus compatriotas, pessoas exatamente como nós, que são da mesma carne e do mesmo sangue que vocês, estão vivendo em diária rejeição de seu querido Salvador, vivem com suas almas mortais em perigo; se vocês ao menos percebessem isso, isso os estimularia a, por todos os meios, chegar a salvar alguns.

Irmãos, o argumento mais forte que já vi para a doutrina da eternidade da punição futura é um argumento que é frequentemente usado contra ela. Eles dizem: "Se a eternidade da punição futura for verdadeira, nós nos perguntamos se os cristãos conseguem dormir a noite, ou comer suas refeições, pois a verdade é tão horrível que deveria levá-los a esforços incessantes para livrar os outros de entrar nesse sofrimento sem limites". É verdade, e assim foi dito isso como que por um profeta, e essa é uma razão pela qual eu acredito na doutrina, porque ela tem uma tendência, como nada mais tem, de nos levar à compaixão e nos despertar para a ação. Se o defensor de outros pontos de vista está disposto a ensinar-me uma doutrina que me faça pensar mais levianamente sobre o pecado, e me faça sentir mais tranquilo acerca da condenação de meus semelhantes, eu não quero a sua doutrina, pois já sou muito indiferente agora, e tenho medo de que me torne ainda mais. Se, mesmo com o mais terrível argumento a favor da tristeza incessante pela ruína das almas dos meus ouvintes, eu não consigo ser tão sensível como deveria, o que seria de mim se pudesse descansar minha alma no lisonjeiro bálsamo de que, no fim das contas, era menos importante do que eu pensava o fato de eles serem condenados ou salvos? Ah, queridos amigos, podem pensar que ao seu redor há homens e mulheres que, dentro de alguns anos, sofrerão a terrível ira de Deus e serão banidos para sempre de sua presença? Se pudéssemos compreender o inferno e os seus horrores, deveríamos ser instigados por todos os meios a chegar a salvar alguns.

Muitas outras coisas podem fazer-nos mexer, mas certamente esta última deveria fazê-lo. O sentido das nossas obrigações solenes para com a graça de Deus deve despertar todas as nossas energias. Se somos o que professamos ser, somos salvos, redimidos pelo sangue do coração do Filho de Deus: não devemos algo a Cristo? Deveríamos estar descansados antes de termos encontrado muitas joias para a sua coroa? Podemos contentar-nos enquanto tantas multidões o ignoram ou se opõem a Ele? Se o amam, o que farão por Ele? Mostre-lhe uma prova de seu amor, e a melhor prova que vocês podem dar é a sua própria santidade pessoal e esforço perseverante para estar entre os seus redimidos. Irmão, irmã, façam algo por Jesus. Não falem sobre isso: façam algo. Palavras são folhas; ações são frutos. Façam algo por Jesus; façam algo por Jesus hoje! Antes do pôr-do-sol, pensem em uma ação que possa favorecer a conversão de uma pessoa, e façam-na com a sua força; que o objeto do esforço seja o seu filho, o seu funcionário, o seu irmão, o seu amigo, mas esforcem-se hoje. Tendo feito isso hoje, façam amanhã e todos os dias; e fazendo isso de uma maneira, faça de outra maneira; e fazendo isso em um estado de espírito, façam de outro. Deixem sua alegria encantar, deixem sua inquietação crescer, deixem sua esperança atrair; deixem seu humor inconstante ajudá-los a atacar pecadores de diferentes ângulos, uma vez que suas circunstâncias diversas o colocam em contato com pessoas diferentes. Estejam sempre alertas. Sejam como uma arma em uma base giratória para alcançar pessoas que são encontradas em qualquer direção, para que alguns possam ser atingidos pelo poder do evangelho. Por todos os meios, chegar a salvar alguns: Deus permita que assim seja. Oh, que alguns possam ser salvos esta manhã simplesmente crendo em Cristo Jesus, pois esse é o caminho da salvação. Jesus retira o pecado onde quer que haja uma simples confiança nele; que aqueles que o buscam exerçam essa confiança agora e vivam para sempre. Amém!

SOBRE O AUTOR

CHARLES Haddon Spurgeon nasceu em 19 de junho de 1834, em Kelvedon, Inglaterra, e morreu em 31 de janeiro 1892, em Menton, França. Foi um ministro religioso inglês de tradição reformada. Ele foi pastor do Metropolitan Tabernacle, uma igreja batista de Londres, durante quase quarenta anos. Ele é conhecido mundialmente como "o Príncipe dos Pregadores". Seus sermões inspiradores, além de livros e meditações sobre as Escrituras, têm sido traduzidos para vários idiomas.

Conheça outros livros de Spurgeon publicados pela Hagnos:

- *O Evangelho Segundo Mateus: a narrativa do Rei*
- *Esperança, o perfume do coração*
- *Fé, o alimento da alma*
- *Filhos da promessa*
- *Milagres e parábolas do Nosso Senhor*
- *Perguntas para a mente e o coração*
- *O Grande Deus*
- *A beleza da vida cristã: 10 sermões sobre o nosso dia a dia com Deus*

Sua opinião é importante para nós.
Por gentileza, envie-nos seus comentários pelo e-mail:

editorial@hagnos.com.br

Visite nosso site:

www.hagnos.com.br